圖解自我心理學

面白いほどよくわかる！自分の心理学

認識自我，活出人生新高度！

心理學家助你突破個性盲點，發掘天生優勢，戰勝生活與職涯難題

日本知名心理學家
澀谷昌三——著

葉廷昭——譯

前言

各位是不是覺得，自己的事情自己最清楚？

有些人可能很煩惱，為什麼旁人都不瞭解自己？其實很多時候，連我們自己也不瞭解自己，就好像在聽錄下來自己講話的聲音時，會發現和自己所認為的聲音有落差一樣。

這種情況下，心理學的知識就派得上用場了。心理學是一門透過行動和身體狀態，來解讀人心的學問。有了心理學的知識和思維，就可以更深入瞭解自己，找出自己真正的心聲，控制自己的言行舉止。當我們苦惱於人際關係，或是受到不明所以的情緒影響時，心理學的知識對我們很有幫助。

比方說，江戶時代有一位儒學家曾說過「春風待人，秋霜肅己」這句名言，意思是對待別人要像春風一樣柔和，對待自己要像秋霜一樣嚴厲。這種「嚴以律己，寬以待人」的態度是一種理想的生活方式，但有心理學知識的人就知道，「嚴以律己」未必是好事。

對自己嚴厲的人，會把挫折的原因歸咎到自己身上。這種人一遇到失敗或問題，就容易產生自責的傾向，他們會認為是「自己不夠努力」、「失敗都是自己的責任」。這樣的心態會害自己壓力愈來愈大，活得一點也不開心。諸事不順的時候，也要用「寬以待人」的方式善待自己，這才是正確的解決之道。

本書會從各個層面簡單剖析自我的心理，請各位掌握書中的知識後，好好聆聽自己真正的心聲，相信一定能發現不一樣的「自己」，也希望各位都能更加喜歡自己。

澀谷昌三

目錄

序章 瞭解自我的心理學

第1章 不必再煩惱人際關係的心理學

33～66

第2章 轉化不安的心理學

第3章

解決內心煩惱的心理學

97～130

第4章 贏得人心的心理學

第5章
自我控制的心理學
163～188

第6章 戰勝軟弱與自卑的心理學

189～212

第7章
享受戀愛的心理學
213～250

序章

瞭解自我的心理學

1 想更加瞭解「自己」

大家喜歡聊血型，主要是想瞭解自己和他人

其實我們並不瞭解自己

各位相信**血型分析**嗎？還是不太在意呢？血型分析的話題，跟初次碰面或不太熟的人也能聊上幾句，揣摩對方的性格也很有趣。只不過，血型分析並沒有科學根據。況且，人類的**性格**（詳見⬇第一六頁）十分複雜，只分成四種類型未免太過單純，好比「A型的人性格嚴謹」、「B型的人性格任性」，這些區分都不客觀。

我們喜歡談論這種不科學的東西，是因為**連我們自己也不完全瞭解自己**，所以才想藉此當做參考的依據。很多人看了血型分析的書，還有網路和雜誌上的占卜，就以為很瞭解自己。他們會替自己分門別類，研究自己跟哪一型的人比較好相處，或是自己會有什麼性格缺陷。

對人際關係感到不安

人們喜歡聊血型的另一個原因是，研究血型，**會有一種可以預測別人行動的錯覺**。常用血型分析來判斷別人性格的人，通常對**人際關係***（自己與他人的關係）感到**不安***（詳見⬇第六八頁），因此他們想知道別人在想什麼。

不過，他們並不是真的想深入瞭解對方，剖析對方的想法。而是想藉由**貼標籤**（詳見⬇第

***人際關係**　自己與他人的關係。人際關係的煩惱有很多種，例如不善交際、容易害羞沉默、在異性面前手足無措等等。

四六頁）的方式，替自己找到一個容易接受的答案。例如跟別人處不好，就用類型不合來當藉口等等。

總之，血型分析會這麼受歡迎，主要是我們想盡量瞭解自己和別人的性格。人在不瞭解自己和對方的情況下，就會感到不安。

我建議各位可以學習心理學的觀念，**真的想瞭解自己和別人，借助心理學的力量才是最快的捷徑。**

心理學是瞭解自己的利器

想瞭解自己或別人，掌握心理學知識，比血型分析或占卜更管用。

不曉得自己的性格	不曉得對方的性格
依靠血型分析	依靠血型分析
錯估自己的性格	用貼標籤的方式得出錯誤結論
無法好好控制自己	無法進行適當的溝通，導致人際關係不順遂

↓

掌握心理學的知識

瞭解自己真正的性格和個性	瞭解對方真正的性格和個性
↓	↓
可以好好控制自己	可以進行適當溝通，建立圓滿的人際關係

有了心理學的知識，就可以分析對方的語言、口吻、舉止、表情、動作等表徵，瞭解對方的情緒了。

＊**不安**　害怕會發生一些對自己不利的事情，在缺乏自信或身體不適時，特別容易感到不安。

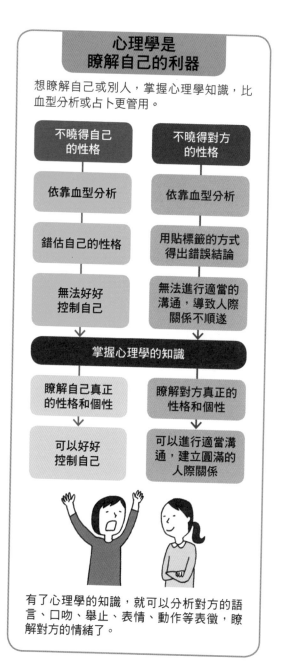

2 想瞭解自己真正的性格

善用心理學深入瞭解自我，讓自己過得更好

接受現實的方式，因人而異

假設你去書店買一本書，結果那一本書賣完了。這時候，你會抱著樂觀的態度去其他書店買？還是悲觀地埋怨自己運氣不好？從這個例子我們可以知道，同樣一件事情，每個人接受的方式都不一樣。

如果你的答覆是前者，那麼你是屬於凡事往好處想的**樂觀***性格；如果你的答覆是後者，那麼你是屬於凡事往壞處想的**悲觀***性格。當然，當下的身體狀況和遭遇也會有影響，不過人在類似的情況下，容易採取相近的行動。

這些行動會呈現一個人的思考或行為模式，我們稱之為**性格**。比方說，我們在生活中常說「那個人很體貼」、「他很積極」、「那個主管很陰險」，這些都是在形容一個人的性格。

接受方式不同而產生煩惱

樂觀的人心情調適得比較快，不會一直煩惱不順遂的事情。相對地，悲觀的人容易鑽牛角尖，很難擺脫不愉快的情緒。

壞事本身不是煩惱的主因，如何接受事實才是問題所在。例如想買的書籍賣完了，悲觀的人看重的不是書賣完的事實，而是自己的期待

＊**樂觀**　相信事情會往好的一面發展，對未來充滿希望的思考方式。

落空，然後開始妄自菲薄，認為自己做什麼都不順。**這種負面情緒的連鎖，會加深不愉快的情緒。**

我們應該改變接納事實的方式，才能活得更輕鬆愉快。以前面的例子來說，只是買不到書，根本不必灰心喪志，去其他書店買就好了，盡量用樂觀的態度面對吧。**光是改變接納事實的態度，就能中止煩惱或不愉快的心情。**

你是樂觀？還是悲觀？

看看自己犯錯時會有什麼反應，就知道你是悲觀或樂觀了。

當你在日常生活中犯下嚴重的錯誤時，內心會出現哪些想法呢？請勾選符合的項目。

A

- □犯錯都是自己太不小心。
- □犯錯都是自己能力不足。
- □認為自己可能還會繼續犯下同樣的錯誤。
- □認為犯錯會嚴重影響到自己今後的人生。

B

- □犯錯本來就無法避免。
- □每個人難免都會犯錯。
- □吸取失敗經驗，下次不要再犯就好了。
- □犯錯不代表人生會完蛋。

Ⓐ比較多

Ⓑ比較多

＊**悲觀**　跟樂觀完全相反，相信事情會往壞的一面發展的思考方式。

3 如何與人交際？

不同性格的人，培養人際關係的重點也會不同

你是外向？還是內向？

各位看到自己的好朋友，跟不認識的人也能迅速打成一片，是不是覺得很羨慕？如果是的話，那麼你可能是比較**怕生**的性格。的確，怕生的人參加派對時很難融入群體，而擅長交際的人會積極走入人群，不斷結交新朋友。

話雖如此，心理學並不認為怕生的人比較吃虧，擅長交際的人就比較吃香。根據瑞士分析心理學家**榮格***的說法，擅長交際的人屬於**外向**性格，怕生的人屬於**內向**性格。

奧地利精神科醫師**佛洛伊德***，是精神分析學的始祖。他曾用**原欲**來形容「產生性衝動的能量」。榮格利用這種思維，把原欲對外發散的人稱為**外向型**，反之則稱為**內向型**，我們可以直接代換成外向性格或內向性格來理解。外向性格的人做事積極進取，做決定時也會聆聽旁人的意見；內向型的人凡事自己做主，決定好的事情不會輕言放棄。

外向型脆弱，內向型不擅表達

不過，外向型容易被其他人的言行影響，面對煩惱或問題時抗壓性較差，遇到一點小事就會失落。相對地，內向性格的人不擅長表達，

＊**榮格**　瑞士心理學家，注重潛意識的重要性，開發出集體潛意識、自卑情節、解夢等方法，對心理學和精神醫學有極大的貢獻。

難以融入周遭環境。外向型和內向型各有其優缺點，沒有哪一種比較好。

不擅長與人交際的人，算得上是內向型。想要多與人交流，**請先跟幾個好相處的對象建立人際關係就好，不要一次就想交一大堆朋友。**

一開始先跟一個人交朋友也好，之後再慢慢拓展人際關係。

外向型和內向型的差異

不同類型的人，行為和想法有很大的差異，外向型、內向型，各有其優缺點，截長補短才是正道。

	外向型	內向型
人際關係	●擅長交際 ●喜歡與人交流 ●社交性強，交際範圍廣，喜歡照顧別人 ●跟其他人在一起時，工作處理得比較好	●怕生 ●習慣跟團體保持距離 ●不擅社交，習慣單獨行動 ●一個人也能妥善處理好工作
行動力	●行動力強，做事情容易三分鐘熱度 ●充滿自信 ●對煩惱或問題的抗壓性差 ●遇到一點小事就會感到失落	●沉默又不知變通，但韌性極強 ●謙遜又深謀遠慮 ●決定好的事情，不會輕言放棄 ●擁有貫徹到底的決心
感情	●開朗不自卑，有幽默感 ●感情表現豐富	●感受性極強，但不會表現出來 ●懂得控制感情
領導力	●下判斷時會聆聽周圍意見 ●判斷迅速，有統率力 ●關心周遭變化，注重人際關係和諧	●凡事大多自己做主 ●遇事常猶豫，但行動相當謹慎 ●會貫徹自我，不會受周遭影響

將內向性格轉變為外向性格絕非易事，但要改變行為模式並不困難。持續「扮演」一個外向的人，就有機會改變自己的性格（詳見➡第二〇頁）。

＊**佛洛伊德**　奧地利精神科醫師，在治療歇斯底里患者的時候，發現幼兒期遭受壓抑的體驗，會產生歇斯底里的症狀，開創出精神分析學的體系。

4 扮演「理想的自己」改變內在

扮演久了，行為和性格都會改變

成為「理想的自己」

在相同的狀況下，有些人會對未來感到不安，有些人則否。如果，你現在遇到一點小麻煩而暗自神傷，認為自己是容易感到不安的人，那麼你就說服自己是個樂觀進取的人，試著「扮演」那樣的角色。

人們不是只有在心靈不穩定，或是不幸的情況下才會感到不安。比方說結婚大喜在即，也有可能產生**婚前憂鬱症**＊（對結婚感到不安）。明明沒有任何不幸，卻開始擔心眼前的幸福不曉得可以持續多久。

當然，扮演樂觀的人不代表你就會馬上變得樂觀。只是，人類是一種很單純的生物，**當我們被賦予某個角色，試圖扮演好那個角色時，精神層面會產生極大的變化**。美國心理學家菲利普・金巴多等人進行的**史丹佛監獄實驗**，便印證了這個事實。

性格隨著角色改變

史丹佛監獄實驗是以模擬監獄為舞台，參與實驗的男性民眾分成兩組，分別扮演獄卒和囚犯。金巴多想調查不同的角色，會如何改變一個人的言行與態度。結果實驗開始沒多久，扮

＊**婚前憂鬱症**　決定結婚以後，開始對自己的判斷感到不安，擔心所託非人，情緒也變得不穩定。

演獄卒的人就表現出囂張跋扈的態度，言行舉止就跟真正的獄卒一樣。反之，扮演囚犯的人會對獄卒逢迎拍馬，或是產生強烈的無力感，情緒明顯低落。

這個實驗證明，人在扮演被賦予的角色時，內在也會產生變化。換言之，**扮演理想中的自己，或許就有機會改變性格**。

一開始嘗試或許不太容易，先觀想「理想的自己」，再表現出符合形象的言行，就能慢慢接近目標了。

史丹佛監獄實驗

實驗方法　金巴多在實驗室中打造了一座監獄，讓一般男性民眾來扮演獄卒和囚犯。

獄卒

開始擅自制定規則，命令囚犯說彼此的壞話，對待囚犯十分嚴厲，完全超出原有的權限。

囚犯

對獄卒逢迎拍馬，或是表現出很失落的樣子，也有人對獄卒深惡痛絕。

結果　獄卒變得愈來愈霸道，開始侮辱和攻擊囚犯。一部分囚犯變得落寞頹喪，一部分則激烈反抗。金巴多認為實驗再繼續下去太危險，本來預定舉辦兩週的實驗，只進行了六天就中止了。這次的實驗證明，人在扮演某個角色時，性格也會跟著改變。

5 發現未知的自己

利用「喬哈里窗」客觀看待自己

拓寬「開放之窗」建立良好的關係

我們都以為很瞭解自己，但事實上又有許多不明白的地方。另外，我們看自己的性格跟別人看我們的性格，也有很多不同的地方。

美國心理學家喬瑟夫．勒夫和哈里．英格拉姆，曾公布「人際關係認知圖表模型」（俗稱**喬哈里窗***）。使用這個量表就能客觀審視自己，發現至今一直被隱藏的一面。

喬哈里窗的自我（**自己**）主要有兩大主軸，分別是「自己知道的訊息／自己不知道的訊息」，以及「別人知道的訊息／別人不知道的訊息」，這兩大主軸交錯，可以分成四大領域（詳見⬇左圖）。①是自己和別人都瞭解的開放之窗（**開放領域**）；②是自己不瞭解，別人卻很清楚的盲點之窗（**盲點領域**）；③是自己很清楚，別人卻不瞭解的祕密之窗（**私密領域**）；④是自己和別人都不瞭解的未知之窗（**未知領域**）。

如果你有人際關係的煩惱，請拓寬開放之窗，藉由呈現自己獲得對方信賴（這又稱為**自我揭露**，詳見⬇第五八頁）。拓展開放之窗，其他三個區域自然會變窄，自我揭露會減少其他人看不到的部分，有助於建立良好的關係。

***喬哈里窗**　名稱取自「喬瑟夫」和「哈里」這兩個名字。這個模型不只能用來瞭解自己，還能告訴我們具體應該怎麼做。

利用「喬哈里窗」發現未知的自己

將自我區分為四個部分，並且化為圖示，這就是所謂的「喬哈里窗」。

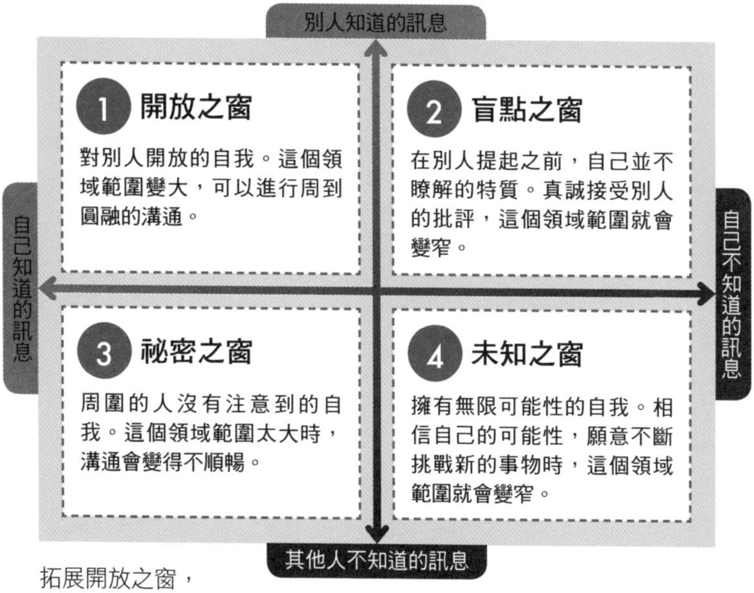
別人知道的訊息
自己知道的訊息
自己不知道的訊息
其他人不知道的訊息
1 開放之窗
對別人開放的自我。這個領域範圍變大，可以進行周到圓融的溝通。
2 盲點之窗
在別人提起之前，自己並不瞭解的特質。真誠接受別人的批評，這個領域範圍就會變窄。
3 祕密之窗
周圍的人沒有注意到的自我。這個領域範圍太大時，溝通會變得不順暢。
4 未知之窗
擁有無限可能性的自我。相信自己的可能性，願意不斷挑戰新的事物時，這個領域範圍就會變窄。

拓展開放之窗，
能跟別人建立良好的關係。

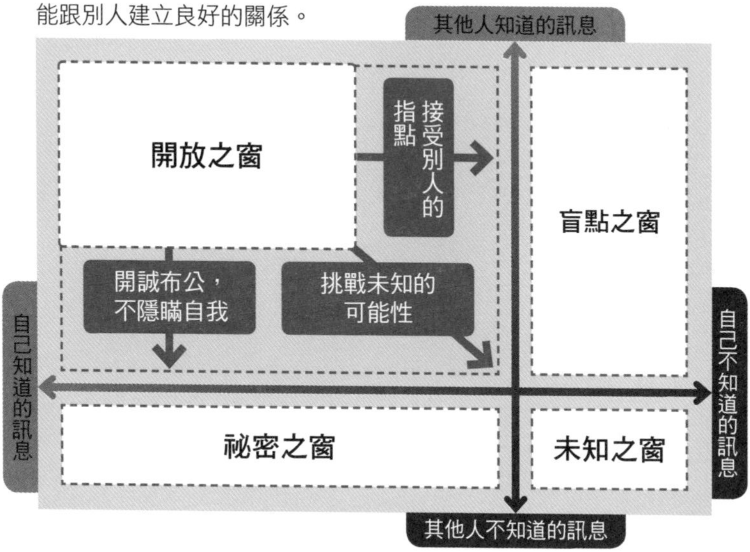
其他人知道的訊息
開放之窗
接受別人的指點
盲點之窗
開誠布公，不隱瞞自我
挑戰未知的可能性
自己知道的訊息
自己不知道的訊息
祕密之窗
未知之窗
其他人不知道的訊息

6 受歡迎的性格、不受歡迎的性格

聰明、誠實、有包容力的人較受歡迎

性格和容貌好的人比較受歡迎

大家覺得自己是「受歡迎」的人，還是「不受歡迎」的人？當我們喜歡上一個人的時候，通常是受到**性格**和**容貌***的吸引，現在就先來看看性格這個要素。

美國心理學家**安德森**曾對一百名學生進行問卷調查，想知道什麼是「受歡迎的性格」和「不受歡迎的性格」。學生要替五百五十五項性格打下分數，最後安德森統整出了最受歡迎的十大性格，以及最不受歡迎的十大性格（詳見⬇左頁）。

根據調查結果，**最受歡迎的性格主要有三大類。分別是「①不會說謊的人」、「②有包容力的人」、「③聰明的人」**。「誠實」、「值得信賴」等特質歸為第一類；「有同理心」、「值得依靠」等特質歸為第二類；「知性」、「深謀遠慮」等特質歸為第三類。

你喜歡什麼性格的人？

另外，「不會說謊的人」通常也喜歡「不會說謊的人」。「有包容力的人」同樣比較喜歡「有包容力的人」，「聰明的人」也會喜歡「聰明的人」。這可以從**心理報酬**的角度來說明。

＊**容貌**　指外觀、姿態、長相，不同的時代和社會背景，會改變人們對容貌的評價。

所謂的心理報酬，是指喜悅、快樂、快感這一類的情感。跟性格相近的人在一起，可以共享這些情感，放大心理報酬的效果。**我們會喜歡上這種能共享喜悅的對象。**

然而，有時候異性之間會喜歡上性格完全相反的對象。這是一種互補的關係，比方說積極和被動的人性格相反，但兩者互補也有順利發展的可能，這又稱為**互補關係***。意思就是在對方身上，尋找自己欠缺的特質。

安德森的性格分類

心理學家安德森歸納出受歡迎的性格和不受歡迎的性格。

受歡迎的性格	不受歡迎的性格
❶ 誠實的人	❶ 說謊的人
❷ 正直的人	❷ 詐騙慣犯
❸ 有同理心的人	❸ 低俗的人
❹ 忠誠的人	❹ 殘酷的人
❺ 耿直的人	❺ 不正直的人
❻ 值得信賴的人	❻ 不值得信賴的人
❼ 知性的人	❼ 令人不快的人
❽ 值得依靠的人	❽ 心性惡劣的人
❾ 心胸寬大的人	❾ 卑鄙的人
❿ 深謀遠慮的人	❿ 不誠實的人

性格與個性的差異

心理學中的性格有「品格」（Character）和「人格」（Personality）兩種意義。

性格

●品格：是指「被賦予的特性」，這是一種先天（與生俱來）的氣質。

●人格：語源來自「Persona」（詳見➡第一〇一頁）一詞，是希臘古典戲曲中使用的面具，這是透過社會生活形成的特質。

個性

這是指無法取代的特質，區分自己與他人的整體特徵。個性不光是指性格，舉凡外貌、能力、思維、行動方式、服裝、化妝等等要素都包含在內，範圍比較全面。

***互補關係**　性格相異的人，以互補的方式取得平衡，而非互相對立。這是美國心理學家溫克等人提出的概念。

7 瞭解更深層的自己

誠實面對性格與情感的方法

如何面對自己討厭的缺點？

各位在開始嘗試新事物，或是面對環境變化的時候，是不是有不安或**無力感**＊？當我們被這些負面的情感壓得萎靡不振，就會過得十分痛苦。

如果你也有莫名其妙的不安或焦慮，不妨試著**重新審視自己**。不過，正視自己也有可能發現自己的缺點或討厭的一面，不見得是一件愉快的事情。

可是，請各位面對自己的內心，養成徹底反省的習慣。如此一來，以後遇到問題就會勇於解決，不會逃避現實了。現在就來介紹一套**自我分析**手法，這是美國心理學家**庫尼**和**馬克帕蘭德**開發的**二十項自我陳述法**（詳見⬇左頁），方法是以「我」開頭，寫出二十句自述，因此又稱為**文章完成法**。比方說「我是女性」、「我在台中出生」、「我今年三十二歲」，用這樣的方式完成文章。

窺探自己深層的一面

撰文時間為五到十分鐘，沒有正確解答。這是一種叫**投射法**＊的性格測驗，也就是回答沒有特定答案的題目，闡明自己的心理。

前面五、六句話，寫一些比較好回答的內容

＊**無力感**　當我們發現自己的無力，就會產生空虛的心情，覺得自己做的事情沒有價值和意義。

就好，例如性別、住址、興趣、家人等等。第十句以後能寫的東西會愈來愈少，**等到二十句全部寫完，你會發現自己有一些意外的煩惱或堅持，或是過去沒有注意到的性格。**

例如，你本來以為自己性格軟弱，但回顧過去的行動，你發現自己也有強硬的一面，遇到挫折不會輕言放棄。或者，有些人以為自己擅長社交，實際上卻不善於處理人際關係，心裡有不少討厭的對象。各位只要準備好一張紙和一枝筆，就能發現全新的自己了。

利用二十項自我陳述法重新審視自己

請在五分鐘之內，寫出二十句以「我」為開頭的句子。

一、我～
二、我～
三、我～
四、我～
二十、我～

範例

一、我是女性。
二、我出生在台中市。
三、我目前住在台北市。
四、我有一個女兒。
八、我的婚姻生活幸福美滿。
十五、我是一個韌性極強的人。
十六、我有三十多個朋友。
二十、我很討厭對母親言聽計從（→想脫離母親獨立自主）

一開始很容易寫出跟自己有關的事情，寫到第十句以後差不多就沒東西可寫了，寫到第二十句就會發現自己平日壓抑的欲望，或是無法說出口的煩惱。

＊**投射法**　分析實驗對象碰到刺激素材的自由反應，瞭解實驗對象的人品或性格，好處是實驗對象難以操縱回答。

8 分析夢境瞭解自己的真正想法

欲望或期望會化為夢境呈現出來

佛洛伊德的夢境解析

各位最近都做什麼樣的夢？**佛洛伊德**（詳見➡第一八頁）認為，**受壓抑的潛在欲望會化為夢境呈現出來**，解夢對治療患者很有幫助（**夢境分析***）。

夢境會顯示當下的心理狀態，例如自己沒發現的欲望或願望，**分析夢境有助於瞭解真正的自己**。在分析夢境之前，請先養成記錄夢境的習慣。請在枕邊放置紙筆，睡醒後馬上記錄下來，只記下關鍵字也沒關係，這樣就能回想起來了。

比方說，在天空飛翔的夢境有各種解釋，佛洛伊德認為那是**性欲高張的象徵**，但更貼近現實生活的解釋是，想要「逃避現實」或「挑戰自己的極限」。總之，會做這種夢境的人可能都有某些課題要解決。

反之，從高處落下的夢境，代表害怕工作或生活上的失敗。

被追逐的夢境源自於「不安」

另外，**夢到自己被追逐，代表心中藏有不安和焦慮**。有時候這種恐懼感，會害我們發出尖叫驚醒過來。不管追我們的是人、動物、怪物，

＊**夢境分析**　透過分析夢境，發掘當事人潛意識中的願望。

其實並沒有什麼分別，當心中有強烈的不安時，就會做這種夢。

夢到自己搭乘交通工具的話，要看是什麼樣的交通工具。例如巴士或計程車，這是代表希望有一個伴侶，帶領自己前往安居的地方（安定的生活）。因為，巴士和計程車就是平安載運客人到目的地的東西。

夢境可以分析出各式各樣的心理狀態，可信度雖然有待商榷，但說不定**能發現自己出乎意料的一面**。

夢境是願望的呈現

佛洛伊德認為夢境具有涵意，分析夢境可以瞭解自己的心理狀態，夢中出現的人事物也各有其意義。

佛洛伊德的患者所做的夢

患者想招待好友來家中用餐，但打開冰箱卻空空如也，外面的商店也沒開，而且電話故障沒辦法叫外賣。

佛洛伊德的解釋

沒有食物可料理，所以沒辦法招待朋友。

↓

夢境代表想拒絕朋友的心情。

夢境的意義

夢中出現的人事物	象徵
騎馬、登山、爬梯子或爬樓梯	性愛
劍、手槍、領帶、魚、蛇、蜥蜴等尖狀物	男性生殖器
箱子、櫃子、收納容器、洞穴、船	女性生殖器
皇帝（國王）、皇后（女王）	父母
王子或公主	自己

從睡姿分析你的性格

各位是用什麼樣的姿勢睡覺呢？
據說，睡姿會呈現一個人的性格或深層心理。
請從左邊的插圖中，找到符合自己的睡姿，確認自己是什麼樣的性格吧！

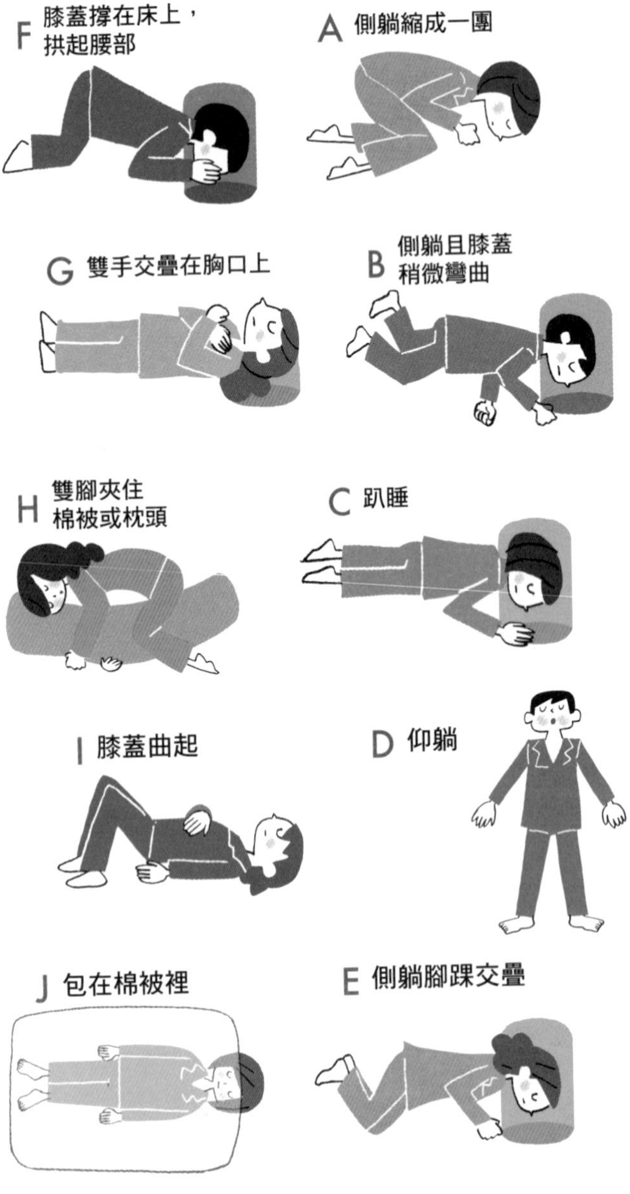
A 側躺縮成一團
B 側躺且膝蓋稍微彎曲
C 趴睡
D 仰躺
E 側躺腳踝交疊
F 膝蓋撐在床上，拱起腰部
G 雙手交疊在胸口上
H 雙腳夾住棉被或枕頭
I 膝蓋曲起
J 包在棉被裡

睡姿與性格的關係

A	胎兒型	躲在自己的殼中，不願顯露出姿態。想要獲得別人的保護，可能過度依賴從小到大保護自己的對象，好比父母親。這也是最多人採取的睡姿（占百分之四十一）。
B	半胎兒型	這種睡姿可以自由翻轉，屬於均衡又安定的性格。心中沒有太多壓力，處理問題的方式也相當精確有條理。
C	趴睡型	認真嚴謹的性格。約定的時間一定會遵守，做事情也按照計畫來，常被周遭的人認為很嘮叨。
D	王者型	仰躺著伸展四肢，充滿王者氣息的睡姿。做人堂堂正正，又充滿自信，處理事情不會有所隱瞞，屬於大而化之的性格。
E	被銬住的犯人類型	橫躺時腳踝交疊，在工作或私生活中，對人際關係或其他問題感到有壓力，常常會覺得煩惱與不安。
F	史芬克斯型	有點像埃及的史芬克斯像，背部拱起來，膝蓋彎曲的彆扭姿勢。據說，有淺眠或失眠傾向的人多半是這種睡姿。為人具有攻擊性，希望盡快返回現實世界，重新參與鬥爭。
G	安寧型	保護自己的身體，試圖求得安寧，可能有生理上的不滿或煩惱。
H	擁抱型	經常處於欲求不滿的狀態，在內心有所求的時候，就會想要抱住枕頭或棉被。這種人個性很理想化，常苦惱於理想和現實的落差，也有可能是性欲得不到滿足。
I	山型	纖細又易怒的性格，什麼事都記得一清二楚，喜歡記恨，對過去的遺憾難以忘懷。
J	冬眠型	從頭到腳都用棉被蓋住的睡姿，屬於深謀遠慮的性格，懂得多方面思考。只是，凡事想太多也有壞處，可能一點小事就煩惱不已，或是過度失落。

簡易的性格判斷法❶

你喜歡什麼顏色？

紅色

代表征服欲、支配欲、占有欲、男子氣概等等。具有野心和行動力，處理工作的態度十分積極。由於攻擊性強，有易怒的一面。

黃色

代表溫和、快活、開朗等等。為人充滿好奇心，願意付出努力追求夢想。喜歡有協調性的事物，對太有特色的東西會感到有壓力。

藍色

代表寂靜、平穩、誠實、女性化的氣質等等。重視信賴關係，懂得關懷周遭。由於太重視常識和規則，有太在意旁人評價的傾向。

紫色

代表神祕、感性、性的象徵等等。為人感受力極強，充滿藝術氣質，有明確的自我意志。由於非常看重自己，有自戀的傾向。

綠色

代表忍耐、堅強、剛毅、自負等等。個性溫和又有協調性，為人急公好義，不擅長拒絕別人的請求。

棕色

代表居家氣質、安全、沉著等等。擅長與人往來，給人一種可靠的形象，受到周遭的信賴，但也有保守或觀念死板的一面。

黑色

代表拒絕、放棄、孤獨等等。為人自尊心極強，喜歡獨立作業的工作方式，有樂於努力的一面，但也有容易厭倦的一面，這兩種特質偶爾會互相糾結。

灰色

代表高雅、柔和、纖細等等。為人謹慎細心，性格溫和。不過，也有優柔寡斷、不敢表達自己意見，還有依賴別人的一面。

第1章

不必再煩惱人際關係的心理學

1 不擅長跟別人交談

過度害怕對話會引起社交恐懼

原因之一是怕丟臉

跟別人談話時，你會不會覺得很痛苦？當然，只要不影響日常生活，不喜歡與人交談其實也不用太擔心。每個人或多或少都有一些人際關係的煩惱，跟陌生人講話會緊張，跟異性獨處時會緊張，或是跟顧客商談時會緊張，都是正常的事情。

不過，緊張也有程度上的問題。如果一跟別人交談，就會因為太害怕而發生臉紅、聲音發抖、走音之類的狀況，這時就會為了不想丟臉而逃避對話。如果連表達自我主張或個人意願都沒有辦法做到，那麼，在學校或是在職場、與朋友來往時，會非常辛苦。

根據心理學的說法，遇到陌生人完全講不出話，或是電話鈴響了卻不敢接聽，這種影響到日常生活的症狀，就稱為**社交恐懼症**。

年幼時曾經被別人恥笑，是社交恐懼症的原因之一。因此而使得**自我意識***太過強烈，會變得很在意別人如何看待自己的容貌或行動。

累積經驗

如果你也是一個不擅長交談的人，或許還不到社交恐懼的程度，但有可能因為太害怕失敗，

* **自我意識**　藉以區分自己和別人的自我認知，也可以說是一種對自我的認定。太在意旁人對自己的看法，就是所謂的自我意識膨脹（自我意識過剩）。

而逐漸陷入過度**緊張**的惡性循環之中。

雖然如此，**累積經驗可以克服這種不擅長對話的問題**。不要一下子給自己太多要求，你不用刻意保持笑容，或是在對話中表現機智幽默。重點是先訂下**力所能及的目標**，例如「這次先好好打招呼」、「看著對方的眼睛說話」、「下次要注意帶著笑容」等等。

社交恐懼的類型

社交恐懼是因為太在意旁人的看法所造成，有各種不同的類型。

飯局恐懼症

吃飯的樣子被看到，會緊張到食不下嚥。

臉紅恐懼症

站在人前會變得面紅耳赤。

演講恐懼症

因為害怕演講失敗，反而沒辦法好好說話。

視線恐懼症

太在意自己或別人的視線，不曉得該看哪裡。

寫作痙攣

在人前寫字，會緊張到手發抖。

電話恐懼症

因為擔心自己講錯話，所以不敢接電話。

2 不會拿捏與人的距離

有時候，更近一步會帶給別人好印象

不安會妨礙彼此拉近距離

各位是否曾經煩惱，該如何掌握人與人之間的**距離感**＊？跟初次見面的人談話時，到底該保持多少距離才好？跟不太親密的異性談話時，要離得多遠才恰當？類似的問題顧慮太多，就會跟對方保持太遠的距離，遲遲無法培養親密的關係。性格**外向**（詳見⬇第一八頁）的人會積極接近對方，不太會煩惱距離感的問題；有這種煩惱的人多半性格**內向**（詳見⬇第一八頁），他們會跟別人保持過度的距離，對於無法建立新的人際關係感到痛苦。

容易不安的人（不安傾向較強的人），也不敢跟別人拉近距離。這種人在面對別人時會產生不安的情緒，他們可能不想被對方發現自己的不安，或是不希望不安持續擴大，所以才有保持距離的傾向。

美國文化人類學者**愛德華．霍爾**表示，溝通的種類愈私密，距離就會愈接近。好比情侶或夫妻這一類互有好感的關係，距離通常都在四十五公分以內，至於單單只是認識的關係，大概會保持一．二到三．五公尺的距離。**雙方距離愈近，代表彼此互有好感**（詳見⬇左頁）。換言之，保持近距離，就能帶給對方好印象。

＊**距離感**　自己與標的（包含人在內）的遠近感，不單是指空間上的距離遠近，還包含心靈上或時間上的距離遠近。

鼓起勇氣踏出一步

事實上，讓兩個素不相識的人，在六十公分到兩百四十公分的距離內交談，距離愈近愈容易贊同彼此的發言。坐在對方的身旁，對方比較容易感受到你的善意。

不會拿捏距離感的人，請鼓起勇氣拉近一點距離吧！說不定，這麼做可以幫你拓展新的人際關係。

愛德華．霍爾提倡的四種距離

愛德華．霍爾把人與人的距離分為四大類。分別是親密距離、個人距離、社會距離、公眾距離。每一種還有分近範圍和遠範圍。

1	親密距離	0～15cm 近範圍	能接觸到對方身體，或是幾乎接觸到對方身體的距離。屬於愛撫、安慰、保護、格鬥等距離。
2	親密距離	15～45cm 遠範圍	可以碰到對方臉龐、手腳、腰部等身體部位的距離。屬於親近關係的距離。陌生人接近這個距離，有時候會產生不適感。
3	個人距離	45～75cm 近範圍	伸手可及的距離。異性之間接近這個距離，旁人會感到詫異。
4	個人距離	75～120cm 遠範圍	彼此伸出手，可以碰到指尖的距離。對方的表情看得一清二楚，在談私事的時候通常是保持這種距離。
5	社會距離	1.2～2m 近範圍	看不太清楚對方的表情，私下交流不會保持這種距離，但同事之間溝通多半是這種距離。
6	社會距離	2～3.5m 遠範圍	公事性的人際關係所採用的距離，例如工作上商談等等。
7	公眾距離	3.5～7m 近範圍	看不清對方的模樣，難以進行個人交流。這是聆聽演講或參加會議時的距離。
8	公眾距離	7m以上 遠範圍	無法進行個人交流的距離。這是在大禮堂聽課或聽演講的距離。

無法拿捏距離感的人，在應該採用個人距離的時候，會採用社會距離。如此一來，便會帶給對方冷淡的印象。

3

成見會影響我們對人的判斷力

我們會以見面時的印象來判斷對方

成見或領先訊息會影響我們

各位也有老死不相往來的討厭對象吧？只要是人，就有好惡，我們不可能跟每一個人都關係良好。不過，有些討厭的人是我們自己自行認定的，搞不好對方其實人品不壞，甚至還對我們有幫助。

我們會討厭初次見面的人或不熟的人，主要是受到**成見**＊或**領先訊息**的影響。所謂的領先訊息，就是在還沒有實際見到對方之前，朋友先告訴我們的評價，或是網路上看到的個人資料。

詞語順序改變會影響一個人的形象

美國心理學家**艾許**指出，**當我們在介紹一個人的時候，稍微改變一下詞語的順序，會影響到對方的形象**。例如我們在介紹某個人，先介紹知性、努力等優點，再介紹個性衝動、愛批判、頑固、善妒之類的缺點，聆聽的人就會對那個人抱有好印象。反之，如果我們先介紹缺點，再來介紹優點，聆聽的人就會對那個人抱有壞印象。

換句話說，先說**肯定的**詞語會給人好印象；反之，先說**否定的**詞語則會給人不好的印象。

＊**成見**　當我們在瞭解一個對象時，會讓我們對這個對象產生誤判的錯誤訊息或思考方式。可能是朋友或媒體提供的訊息導致的錯誤印象。

假設你很討厭一個根本不熟的對象，可能是你先聽到一些負面的事情，才會產生負面看法。

錯誤訊息會產生成見，用成見來判斷一個人是很危險的事情。比方說，你跟某個同事一起工作，以為他是認真又勤快的人，於是你後來把重要的工作交給他，沒想到他連最基本的遵守期限都辦不到。所以請各位先放棄成見，在實際見面對話時好好觀察對方的表情、服裝、整體印象，來推敲出完整的人物形象，這才是有建設性的做法。

最初的訊息決定一切

根據艾許的研究，用同樣的詞語介紹同一個人時，改變用詞順序也會改變印象。

那個人
聰明又勤勞，
只是有些善妒又頑固罷了！

同樣的詞語改變順序後……

那個人
善妒又頑固，
為人還算聰明勤勞啦！

用這種順序介紹，就會給人不好的印象。

4 不習慣學校或公司的規矩

不守團體規範就會顯得「格格不入」

團體規範會約束成員的行動

各位是否覺得自己跟周遭格格不入，不習慣自己所處的團體？其實不少人在學校、職場、地方上都覺得自己格格不入。

無法融入團體的原因，主要有兩個：①**不喜歡團體生活中的人際關係**，②**不習慣團體的風氣或規矩**。①跟團體迷思有關（詳見⬇第四二頁），我們稍後再談，現在先來看看②的問題。

不管是什麼樣的團體，如果成員擅自行動，整個團體就會失去秩序，無法達成團體追求的目標。因此，團體會制定出讓成員遵守的規範，統一成員的價值觀、思維、行動方式。這又稱為**團體規範***，舉凡規定或經營理念這一類的明確教條，乃至校風或企業文化這一類的無形風氣都屬此類。一旦團體規範成形，就會約束成員的行動，在心理層面上持續施加壓力，這又稱為**團體壓力**。

努力培養人際關係就好

假如你覺得自己無法融入學校或職場，可能是對團體規範有所抗拒的關係。尤其在職務異動、調派、搬家的時候，團體規範會是融入新環境的一大阻礙。萬一團體規範跟自己的價值

* **團體規範**　團體為達成目標所設立的明示規則（有明確條文）或潛規則（沒有明確條文）。

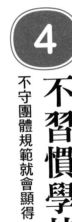

觀不相容，一般的區域性社團頂多退出就是了，但學校或職場沒辦法說退就退。

這種情況下不要表現出反抗的態度，或是刻意批判團體，**請先努力培養人際關係就好**。有些成員可能特別難相處，但只要有少數幾個合得來的好友，活動本身就會變得愉快，遇到辛苦的事情也能互相鼓勵，一同跨越難關。

艾許印證團體規範的實驗

實驗方法 給實驗對象兩張畫線的卡片，第一張卡片畫一條線（A），第二張卡片畫了三條長短不同的線（B、C、D）。實驗對象要從B、C、D之中，選出跟A一樣長度的線。

A　實驗對象獨自回答

B　實驗對象跟五個暗樁（幫忙做實驗的人）一起回答

結果 獨自回答的正確率高達百分之九十九。反之，其他五個暗樁先回答錯誤的答案，正確率就只剩下百分之二十四，也就是一百二十三個實驗者中，只有二十九個人回答正確。換句話說，七成以上的人會去配合其他五人的答案，那五個人的答案形成難以違抗的團體規範。

5 不敢表達反對意見

難以違抗有力人士？

結交有力人士

假設職場、社團、朋友中有一些影響力特別強的人，你敢跟他們的主張對立嗎？

尤其得罪對方會嚴重影響到自己立場的情況下，大部分人會選擇放棄自己的意見，來博得對方的好感，根本不敢表示反對。

一般來說，對於已經結交或是打算結交的對象，我們都會想方設法博得對方的好感。**這種攀附有力人士或社會權力**（詳見⬇左圖）**的行為，在心理學中又稱為「獻殷勤」**。具體方法是贊同有力人士的意見，或是釋放出自己可以幫得上對方的訊息，不然就是用刻意示弱的方式討人歡心。**這些行為等於是在告訴對方，自己是站在他那一邊的，而不是威脅。**

反對有力人士的意見和主張，需要很大的勇氣。也難怪一般人會希望在地位穩固後，再來高聲表達自己的主張。

有憑有據，發表反對意見

另一個不敢表達反對意見的原因，就是眾人陷入**團體迷思**，環境氛圍不允許個人表達反對意見的關係。

感情良好的團體特別容易陷入團體迷思之

中，就算有人提出奇怪的意見，大家也會產生盲目的**從眾行為***，不會多方查證。

在這種狀態下，人們很難提出反對意見，若真想表達自己的意見，**請根據事實提出主張**。要反抗現場的氣氛或主流意見，只能據理力爭了。同意的人數夠多的話，你的意見就有可能會被採納。

容易陷入團體迷思的社會權力

所謂的社會權力，是指具有一定社會影響力的群體。社會心理學家法蘭奇和瑞文，分類出下列幾種社會權力。

法蘭奇和瑞文的社會權力分類

獎賞權

提供經濟報酬的人或團體，例如企業或上司等等。

強制權

會處罰違規者的人或團體，例如政府、警察、地方上的自治團體等等。

法職權

依據價值觀或職務的正當性，約束眾人行動的人，例如宗教團體等等。

參照權

令人心生嚮往的人或團體，例如學校老師、才藝教師、茶道師、花藝師等等。

專家權

擁有特殊知識或技能的人或團體，例如特定領域的權威或專家等等。

＊**從眾行為**　改變自己的意見或信念去配合主流，通常是害怕被主流攻擊才會採取的自我防衛行動。

6 記不住別人的長相

把臉部特徵跟個人印象結合，比較容易記憶

觀察臉部，是識別的最佳方法

各位有沒有遇過別人跟你打招呼，你卻不認得對方的長相，一時間不曉得該如何是好？可能對方跟你認識的朋友很像，但你又不敢肯定，所以遲遲沒有回禮。記不住別人的臉，在培養人際關係時可是會吃大虧的。

我們都是從臉龐、聲音、服裝、動作、整體印象來辨識一個人的。**尤其觀察臉部是一個很有效的辨識方法**，我們可以藉此推測出對方的**感情***、意圖、思維。溝通有分使用語言交流的**語言性溝通**（Verbal），以及使用表情、姿勢、動作交流的**非語言性溝通**（Non-verbal）。表情是非語言性溝通的一個最重要元素。

看不到對方的表情，通常溝通也不會太順利，像察言觀色或默契等非語言性溝通，主要也是靠「分析」對方的表情。

同時記住容貌印象和性格

記憶人臉是有祕訣的，首先是觀察對方的臉部特徵，有特色的臉龐會給人強烈的印象，也比較好**記憶***。這又稱為**萊斯托夫效應**（Restorff effect），也就是**找出對方的臉部特徵，加強自己的記憶**。比方說，有的人臉型是雞蛋型、有

***感情**　心理學所指的感情，是在一個人心中產生喜怒哀樂的主觀體驗，有時候會引發歡笑或哭泣等生理現象。

的是四角型、有的是圓型，臉上的眉毛很粗、眼睛很細、嘴角旁有一顆痣等等。請找出這些特徵，跟對方的名字連結在一起來記憶！

臉部特色和性格一起記憶也很有幫助（這叫**語意優先處理效果**，詳見⬇左圖）。例如在記憶客戶A的時候，用「圓臉、性格溫和的A」來記憶，這樣一聽到對方的名字，就會想起圓臉了。

總之，記憶別人的長相時，連同名字、臉部特徵、性格、個人立場一起記憶，是一個十分有效的辦法。

用臉部特徵記憶對方

把臉型跟性格聯想在一起，就可以有效增強記憶。

圓臉

圓滑又富社交性的性格，很受大家的歡迎。業務或推銷員這種需要培養人際關係的工作，通常都需要這一類的人才。

鵝蛋臉

臉部輪廓均勻的人，是充滿好奇心又深謀遠慮的人。但個人意志薄弱，有容易受別人影響的一面。

國字臉

為人努力不懈，雖然不是特別機敏的類型，但非常有毅力，不會因為一點小事就放棄。處理工作或交際都會全力以赴。

倒三角臉

下巴尖的人頭腦好，感性敏銳。多半是擅長動腦的技術型人才或藝術型人才。為人纖細敏感，有太在意他人的傾向。

大餅臉

臉大的人自我主張強烈，會積極強化自己的形象。這種性格再搭配高超的實力，很有機會出人頭地。

小臉

這是屬於比較內向的性格，喜歡讀書或思考，有實力卻不懂得替自己宣傳。

＊**記憶**　指累積的過往資訊，或是先記住必要的資訊，事後再回想。人類的記憶主要分為感覺記憶、短期記憶、長期記憶這三種。

7 容易被旁人誤解

若得不到正面評價，不如當一個傾聽者

錯誤標記

各位是否覺得自己被旁人誤解？在學校或職場都得不到認同？**每個人都希望獲得別人的認同（自尊需求＊）**，會想擁有正面評價是理所當然的，一直被人誤解的話，一點也開心不起來。只是要改變既定的印象並不容易，解開誤會是需要努力的。

產生誤會的原因可以用**錯誤標記**來說明。所謂的**標記**也就是**貼標籤**＊，意指用簡單的方式形容一個人。我們在評價一個人的時候，可能會說「那個人很很溫柔」、「她的工作能力很好」、「他很冒失」，像這種簡短的評價就是貼標籤，錯誤的評價就稱為錯誤標記。

好好扮演自己

如果你覺得自己經常被誤解，就代表你很容易被錯誤標記。一般來說，當我們在評價一個不熟的對象，會看那個人身上有什麼特徵。有顯著的良好特徵，會給予好評價；有顯著的不好特徵，則會給予不好的評價。

另外，不懂得察言觀色或搞錯發言時機，也是造成誤會的原因之一。曾經有一個實驗是這樣的，某張照片裡有微笑的上司和悶悶不樂的

＊**自尊需求**　希望自己在別人眼中是有價值的存在，透過自我肯定或自我信賴得到滿足。

下屬，許多看到照片的人都認為，上司一定是個專制又壞心的人。因此，就算你的微笑充滿善意，只要其他人感覺到敵意，他們就會認為你是在嘲笑他們。

要解開這樣的誤會，請當一個「**善於表達和傾聽的人**」。特別是積極傾聽別人說話非常重要，這樣可以加深彼此的溝通，而這也是解開誤會的第一步。

修正錯誤標記

被貼上的標籤很難修正，切記要當一個擅於表達和傾聽的人，才能幫自己解開誤會。

1 當一個善於傾聽的人

認真聽對方說話，讓對方知道你對他有興趣或好感，藉此解開雙方的誤會。人會想瞭解對自己有興趣或有好感的對象。

原來這樣啊…
其實呢…

2 當一個善於表達的人

正確傳達自己的訊息，找出對方之所以對你產生錯誤標記的原因，指出哪些原因有誤，解開雙方的誤會。

那是誤會啦…
你喔…

3 多多溝通

誤會多半源自於溝通不足，記得平時多多溝通，以防止誤會發生。

你真有趣…
啊哈哈

＊**貼標籤**　以類型化（經過歸納的共同特徵）的方式評價某些人事物。所謂的貼標籤，就是用一句話形容對方的特徵或形象，例如「美人」或「帥氣」就是一種標籤。

8 遇到一點小事就受傷

放眼未來，不要太過自責

自我評價高的人，**待人處事積極正面，稍微遇到一點問題也相信自己有辦法解決**。反之，自我評價不高的人，**為人消極又不肯改變自己，遇到問題只會怨天尤人**。問題沒好好解決，信心就跟著一落千丈，最後陷入毫無幹勁的惡性循環中。

容易受傷的人，自我評價極低

當別人點出你的缺失，即便對方並沒有惡意，你會不會因此感到失落或煩惱？容易因為一點小事就受傷的人，處理工作或私事稍有不慎，就會表現得太過失落。例如戀人因為有事情而希望約會延期，這種人就會失落老半天，一直耿耿於懷。

一般來說，容易受傷的人，**自我評價***不高。自我評價顧名思義，就是我們對自己的評價。自我評價的高低，決定了一個人能否好好享受自己的人生。

放眼未來，而非過去

遭遇小挫折就容易受傷的人，有一點要特別留意。其實不必因為一點失敗或粗心大意，就完全否定自己的價值。請正確地看待事實，你可能只是犯了一個小錯，或是剛好不擅長某件

＊**自我評價**　人對自己的評價。自我評價高的人知道未來的重要性，懂得放眼未來；自我評價低的人執著於過去，遇到一點挫折就認為大勢已去。

事。弄清楚失敗的原因，努力改進就好。

然後，**不要太在意過去的事情**。整天抱怨已經發生的事，現狀也不會有任何改變。不如放眼未來，思考下一步該怎麼做，全力去實行解決問題的方法。

另外，**容易受傷的人通常也容易被感情影響**，請盡量客觀看待自己的遭遇。有時候你會發現，那些傷害你的事情其實沒什麼大不了的。

不再動不動就受傷

容易受傷的人，太在意微不足道的失敗或失誤，而且有否定自我的傾向。

1 把失敗當成寶貴的經驗

放眼未來的人

執著於過去的人

失敗就當做是累積寶貴的經驗就好，這樣可以從中汲取教訓。經驗豐富的人也有很多失敗的經驗，遭遇挫折會冷靜面對。

2 分析失敗的原因

因為一點小事就受傷的人，只會一直對失敗耿耿於懷，不懂得分析失敗的原因。若能冷靜分析失敗的原因，就不會犯下同樣的錯誤了。

9 動不動就道歉

可能是自我否定太強烈，或是把道歉當成處事的方法

負面言詞背後的涵義

各位是否動不動就把「**對不起**」三個字掛在嘴邊？有些人明明沒有做錯什麼事，卻總是把對不起掛嘴邊，這通常分成兩種類型。

第一種純粹是場面話，**內心並不覺得自己有錯**。另一種是貶抑自我的情感太強烈（**自我否定***），因此**習慣跟別人道歉**。

前者是佯裝**自我貶抑（看輕自己）**的態度，其實言談中看得出自視甚高的**自尊心***。自尊心太強會惹旁人反感，但適當的自尊心是保持心靈平衡的必備要素。

後者是真正的自我貶抑，他們在生活中不只經常道歉，還動不動就說一些負面的話來貶低自己，例如嫌棄自己笨，或是嫌棄自己沒用等等。自我否定太強的人活得很累，還有可能罹患憂鬱症等心理疾病。

Ach 體驗

自我貶抑太強烈的人，最好多累積 **Ach 體驗（成功體驗）**來培養自尊心。

Ach 是德文，也就是在得到某些東西或受到認可時，人們會發出的歡呼聲。Ach 體驗是指達成挑戰的成就感或充實感，還有受到認同的

＊**自我否定**　以負面的方式看待自己，例如懲罰自己、看輕自己、厭惡自己等等。把自己貶低成一個沒用的人，否定自我。

快樂心情。

不需要一下子就去進行很困難的挑戰，**確實執行一些小目標就好**，例如每天早點起床，神采奕奕地跟大家打招呼等等。做好這些事情，慢慢累積成就感，就會產生自信和幹勁。成功體驗會帶來下一個成功體驗，培養當事人的自尊心。

培養自尊心的 Ach 體驗

透過成功體驗獲得成就感，又稱為 Ach 體驗。累積 Ach 體驗能提升自尊心。

1　母親拜託小孩去買東西。

幫我去買牛奶回來

2　自尊心太低，沒辦法積極採取行動。

我自己去沒關係嗎…？

3　「獨自完成任務」的Ach體驗，能培養自尊心。

我一個人也辦得到！
獲得成就感
Ach 體驗

4　自尊心提升後，就會積極採取行動。

還需要我幫忙跑腿嗎？

＊**自尊心**　一種自我評價，比自信更高端的概念。一般來說，人會試圖維持高度的自尊心，憂鬱症患者有自尊心太低的傾向。

10 所有的失敗自己扛

懲罰自己，緩和罪惡感

習慣一肩挑起所有責任

假設你跟大家一起處理工作，結果卻不盡理想，即便你負責的工作不怎麼重要，你會不會還是認為失敗是自己的責任？通常沒有人會想扛失敗的責任，但**自罰感情**強烈的人，會積極承擔責任。

自罰是**自我懲罰**的簡稱，**自罰感情是一種懲罰自己的欲望**。好比在給人添麻煩或傷害到別人的時候，**會透過懲罰自己的方式來減輕罪惡感**。也就是給予自己精神性的懲罰，讓心靈得到寬恕。這不是什麼很特殊的感情，健康的人也會有自罰感情。

依照心理學的說法，自我懲罰屬於一種**防衛機制***，可以保護自己不受焦慮或其他負面感情的傷害。換言之，**懲罰自己反而是保持心靈安定的手段**。有些人會善用自罰感情敦促自己成長，自罰感情不見得是壞事。

與其煩惱，不如解決問題

不過，太過自責的話，也是一種很危險的感情。自我評價不高的人，會去承擔明顯超出自己責任範圍的失敗，**毫不留情地責備自己**，認為失敗都是自己的問題。自責的念頭太強烈，

***防衛機制**　又稱自我防衛機制，保護自己不受焦慮或其他負面感情傷害的行為。有各種有意或無意的反應，例如睡覺、無視、遺忘等等。

會開始妄自菲薄，**有引發憂鬱症的風險**。

擺脫不了自責念頭的人，在問題發生時，請先不要責備自己，而是**積極找出失敗的原因，思考改善的方案**。自我懲罰是不理性的感情，與其煩惱，不如找出解決問題的具體辦法，這才是積極又有建設性的做法。

如何擺脫自罰感情？

自罰感情強烈的人，遇到問題會認為都是自己的責任。平時養成「適度推卸責任」的思維，對自己有幫助。

Q 自己跟三五好友外出郊遊，途中下了一場大雨，你會選擇哪一種反應？

A

我應該先確認天氣預報，讓大家做好準備的，真對不起

凡事都認為是自己的責任，容易累積壓力。

B

確認天氣狀況是召集人的責任吧？

不是要你隨便推卸責任，偶爾替自己準備一個開脫的理由也很重要。

11 看到有困難的人無法置之不理

幫助別人就是幫助自己

助人的理由各有不同

不是只有從事**志工活動**才叫幫助別人。各位看到受苦受難的人，也會提供各種形式的協助對吧？為什麼我們會想要幫助別人？

心理學是用好意的**回報性原理**，來解釋樂善好施的原因。所謂的回報性原理，簡單說就是先幫助有困難的人，將來自己也能獲得援助的思維。俗話說「好心有好報」，指的就是這樣的道理，當然不是所有樂善好施的行為，都能用這種現實的思維來解釋。

還有一種看法是，幫助別人其實是要避免自己不愉快的**利己**＊行為。美國社會心理學家**喬爾第尼**等人認為，幫助別人其實是為自己好，不是為別人好的行動。我們看到受苦受難的人會產生**同情心和憐憫**，而這些感情會讓我們感到痛苦，因此這種說法認為**幫助別人是擺脫痛苦的方法**。

助人為快樂之本

除此之外還有其他的看法，**社會學習理論**的觀點認為，幫助別人是在履行**社會責任**，這種觀念重視的是當事人受過的教育和學習過程。假如我們從小教育孩子，樂善好施的人會受到

＊**利己**　只顧追求自己的利益，而輕視他人的利益。

稱讚，視若無睹的人會受到責難，那麼他們就會樂於助人，不會計較有沒有回報。

不惜犧牲自己也要幫助別人，這又稱為**利他行為**＊。利他行為是與生俱來的？還是教育和學習的產物？目前還沒有一個定論。只是，從「即使是惡人，也會不求回報地守護自己的孩子」這個觀點來看，每個人都有願意助人的情感，而且跟利益或教育無關。

助人的一連串心理過程

人在實際幫助別人之前，會先經過五個階段的判斷，之後才決定要不要幫助別人。

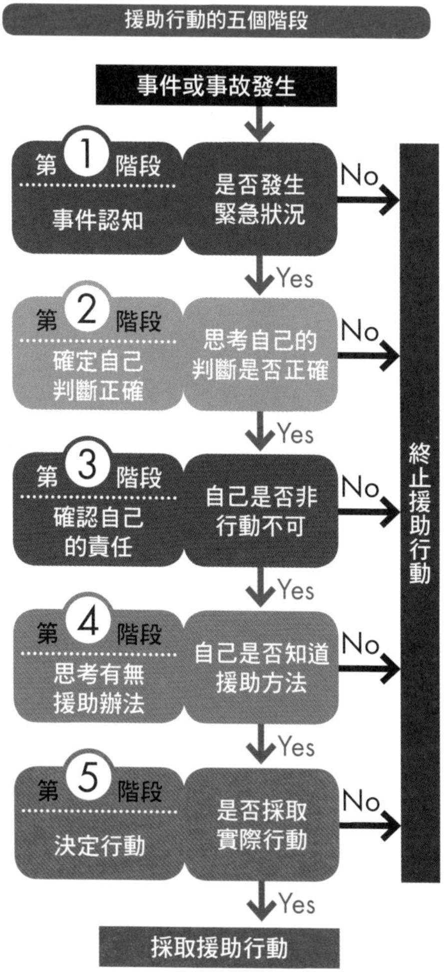
援助行動的五個階段
事件或事故發生
第1階段
事件認知
是否發生緊急狀況
第2階段
確定自己判斷正確
思考自己的判斷是否正確
第3階段
確認自己的責任
自己是否非行動不可
第4階段
思考有無援助辦法
自己是否知道援助方法
第5階段
決定行動
是否採取實際行動
No
Yes
終止援助行動
採取援助行動

※改編自巴隆&伯恩論述，1977／1984

＊利他行為　利他指的是有利他人之事，不考慮自己的損失，只求幫助他人。跟只顧自己的利己行為是相反詞。

12 被說有個性會很開心

每個人都希望自己是獨特的存在

喜歡引人注目，不重視協調性的人

當別人說你很有**個性**＊，你會有什麼感覺？你會認為自己很特別而感到高興？還是害怕被當成怪人？同樣的一句話，聽的人感受不同，意義也會不一樣。

自我評價的高低，會影響到感受性的差異。**對自己有自信的人，會認為「有個性」是一種讚美的詞彙**；缺乏自信的人，會認為別人是在講自己的缺點。

本來，每個人都希望自己是**獨特**（Unique）的存在。尤其**自我意識**（詳見⬇第三四頁）強烈的人，這種欲望也特別明顯。他們不希望自己在別人眼中，是一個只有協調性，或是沒有特色的人。

想要與眾不同的欲望，又稱為**獨特性**（Uniqueness）。重視獨特性的人，認為擁有獨特性是一件值得稱讚的事情，因此會把「有個性」當成一種讚美。

某些性格很容易被說有個性

那麼，什麼樣的人容易被評為「有個性」呢？

美國心理學家**克雷奇**和**克拉奇菲爾德**，著重於研究人際關係，根據他們的性格分類標準，**喜**

＊**個性**　「個」有兩種意思：①是完整無法分割的，②是無法取代的。個性泛指某個人的特徵，包含了性格、能力、外貌、興趣等要素。

歡引人注意，不重視協調性的人，容易被旁人說成「有個性」，而他們自己也認為這是一種讚美。

只是，在需要團隊合作的時候，**「有個性」等於是變相批評你不合群**，因此要特別留意。

不考慮大局，只顧著唱獨角戲，有可能會扯大家的後腿。當別人稱讚你「有個性」時，不要急著高興，先想想自己身為團隊成員該做些什麼，才不會給大家添麻煩。

自信高低會影響感受性

同樣一句「你很有個性」，有自信和沒自信的人聽起來感覺完全不一樣。

有自信的人

認為自己的喜好、態度、思維受到認同，覺得這是一件值得驕傲的事。

沒自信的人

擔心被當成奇怪或缺乏協調性的人。

什麼樣的性格，容易被說成「有個性」？

- 不重視協調性
- 喜歡引人注目

請注意，當對方說你「有個性」時，也可能是在諷刺你的行為。

13 如何跟不熟的人更加親近

用「自我揭露」縮短距離

積極跟對方攀談

如果想跟剛認識不久，還沒有很熟的對象更加親近，一定要積極找對方說話。**這麼做等於是在告訴對方，我想跟你打好關係，我想更瞭解你**，而這種作為也比較容易獲得好感。怕生的人可能不想主動搭話，其實鼓起勇氣嘗試看看，說不定對方也會爽快回應。

如果還想更進一步的話，不妨提起自己的私事。率直地說出自己的情報，這在心理學上稱為**自我揭露**。

雙方必須有某種程度的**信賴關係**，才有辦法談私事，自我揭露也是信任對方的證明。當你說出自己的私事，對方也會做出同等的自我揭露，這又稱為**自我揭露的回報性***。

不能強迫自我揭露

不過，也不是隨便這麼做就會有效果，受歡迎的人懂得在適當時機自我揭露。**配合雙方的關係進展，提供適當的自我揭露，慢慢縮短彼此的關係就好。**

比方說，你先談論自己的興趣，之後再問對方有什麼興趣，這樣對方也比較好回答。完全不談自己的興趣，劈頭就問對方的興趣是什麼，

***自我揭露的回報性** 先主動揭露自己的情報，對方看到我們的誠意，也會願意坦承以對，做出自我揭露。

這樣是沒辦法打開話匣子的。先談一談自己的事情，接著觀察對方的反應，再來思考該如何進展到下一個話題。

另外，**自我揭露是自發性的行為**，不能強迫對方揭露。說不定你自我揭露以後，對方並不想這樣做。所以不要急，慢慢來就好。

自我揭露的五個階段

跟不熟的人談論太深刻的煩惱，對方也會不知該做何反應。自我揭露要依照雙方的關係，逐步進行會比較好。

LEVEL 0　第一次見面

彼此都不知道對方姓名。

LEVEL 1　交換名片

會互相交換姓名、公司等基本資訊。

LEVEL 2　閒話家常

會談論一些無關痛癢的話題，好比飲食喜好、出生地、畢業學校等等。

LEVEL 3　談論自身想法

會談論自己喜歡的藝人，或是其他喜好，以及自己並不討厭的缺點等等。

LEVEL 4　周邊的話題

會談論興趣、家人等相關話題。

LEVEL 5　深刻的話題

會談論不安、煩惱、自卑感這一類的話題。

14

如何更受歡迎？

溝通的基本在於「同理的瞭解」

當一個傾聽者來博得信賴感

人多半會對傾聽者打開自己的心房，如果你想跟特定對象打好關係，請專心當一個好的傾聽者。

精神科醫師或臨床心理師等專業人士，幫助有煩惱的人解決問題，這種行為稱為**諮商**。諮商的重點在於，**要誠懇聆聽對方說話**。諮商必須建立起信賴關係，所以不要否定對方的發言，先站在對方的立場聆聽，這種手法又稱為**同理的瞭解**＊。

同理的瞭解也能應用在日常生活中，先表現出樂意聆聽對方說話的態度，對方會覺得你是個有包容力的人，對你的**信任感**和**好感度**都會提升。

適當地附和對方

另外，當一個傾聽者最重要的是，看著對方的眼睛**點頭稱是或附和對方**。有些新聞記者很擅長引導對方說話，甚至有辦法完全不提自己的事情。這種人的回應時機很巧妙，連點頭的方式都很有技巧。聽到對方想要強調的主張，他們會用力點點頭，其餘旁枝末節的話題則輕輕點頭。對方愈講心情愈好，最後整場訪談還

＊**同理的瞭解**　不以客觀或理性的方式評價對方，而是透過聆聽來拉近彼此距離，全面理解對方的煩惱或必須面對的課題。

超出了預定的時間。

附和又稱為**同步性**，或是**同步之舞**＊。同步性（Synchrony）一詞跟水上芭蕾（Synchronized swimming）的 Synchro 語源相同，都是指配合對方的意思。換句話說，**先肯定對方的話，連語氣和心態都去迎合對方**，這就是適當的附和了。

反之，完全不表示附和，這等於在告訴對方你不贊成他的意見，或是不想跟他講話。想跟對方更加親近的話，千萬不要吝惜點頭或附和。

有的點頭方式無法彰顯你的善意

點頭通常表示你同意對方的說法，或是有某種程度的好感。但下列的點頭方式，就沒有這些正面的效果，要特別留意。

不管對話內容是什麼都拚命點頭

代表對方內心動搖，可能在對你說謊，有重要的事情隱瞞你。

一個話題點頭三次以上

代表對方想早點結束這個話題，心裡覺得很麻煩。

＊**同步之舞**　彼此的心意相通，點頭及附和的時機，還有講話速度、手勢、動作都會愈來愈接近。

15 如何發展正面的人際關係？

稱讚或慰勞會有好的效果

稱讚可以激發對方幹勁

各位一天會稱讚別人幾次？**稱讚和慰勞是發展人際關係最有效的魔法**，如果你有處不來的同事或朋友，請試著找出對方的優點加以稱讚。一開始對方可能會覺得莫名其妙，**久而久之就會明白你的善意了**。

在家中也一樣，比方說吃完飯以後，不妨稱讚一下今天的菜色很好吃，這樣煮飯的人也會感到高興。跟親密的對象在一起，更應該不吝稱讚對方。就算只是場面話，被稱讚的人還是會感到開心。

講好話不只能發展正向的人際關係，還能提升對方的幹勁。而且**好意有回報性**，對方也會願意稱讚你。

稱讚與成長的關聯

據說，稱讚對方會產生**比馬龍效應***。曾經有人透過實驗證明，**教師對學生的期待愈大，學生的成績就愈高**，因此這又稱為**教師期待效果**。

美國教育心理學家**羅森塔爾**和**雅各布森**，曾對舊金山的小學進行智力測驗，並隨機挑出幾個孩童並告訴他們的老師，那些孩童之後幾個月成績會進步。由於是隨機挑選的對象，不是

＊**比馬龍效應**　實驗結果證明，教師期待學生的成績進步，學生就會努力念書，回應教師的期待。

每一個孩童成績都很好，但那些孩童真的都進步了。

期待可以轉化為激勵和讚賞，教師稱讚學生聰明、有才華，師生之間會產生信賴關係。**學生會努力提升成績，回應教師的期待。**

稱讚可以激發幹勁？

旁人對我們抱有期待，我們會盡力回應對方，這又稱為「比馬龍效應」。

1 **開始學鋼琴。**

2 **被鋼琴老師稱讚。**

3 **得到稱讚與期待，會產生幹勁回應對方的期待。**

於是，鋼琴技巧進步＝比馬龍效應

比馬龍效應的名稱由來

比馬龍是希臘神話中一位國王的名字，他愛上了自己雕刻的女性雕像，於是天神讓雕像變成活人，比馬龍終於成功和那位女性結婚了。比馬龍效應的名稱便是由此而來。

從對方的反應猜測他們的想法

各位會不會擔心，不曉得別人是如何看待自己的？左邊請列出當你去拜訪對方時，對方可能採取的各種反應。如果你覺得那是歡迎的舉動請打○，反之則打×。

	對方的反應	回答
1	你去拜訪對方時，對方一看到你，馬上就從椅子上站起來。	□
2	當你説話時，對方一直閉著眼睛或頻繁眨眼。	□
3	當你説話時，對方靜靜地坐著，只有在跟隨你的動向時才會移動。	□
4	對方會揮手打斷你的話。	□
5	交談過程中，對方會輕輕碰觸你的身體。	□
6	交談過程中，對方聽到電話鈴響，會很高興地接起電話。	□
7	對方會把私生活的照片拿給你看，好比旅行的照片或小孩的照片等等。	□
8	對方聽你説話時，點頭超過三次以上。	□
9	對方的動作自然又放鬆。	□
10	對方會瞇起眼睛，瞳孔縮小。	□
11	對方端正地坐在椅子上，身子還會稍微向前傾。	□
12	明明沒必要，對方卻戴起眼鏡。	□
13	對方會做出跟你一樣的動作或表情。	□
14	當你説話時，對方會調整桌上物品的位置，或是打開抽屜。	□
15	對方會移動到更能放鬆的位子上。	□
16	對方會在外套、褲子、裙子上，做出撿髒東西的動作。	□
17	對方會解開外套鈕扣或領帶。	□

18 明明不是在講笑話，對方卻在笑。 ☐

19 你提供文件或資料給對方時，對方會特地往你身邊靠近。 ☐

20 對方頻繁碰觸自己的頭部或鼻子周圍。 ☐

21 對方不會遮住自己的手或表情，整個身體和臉龐都正對著你。 ☐

22 對方將雙手放在後腦勺。 ☐

23 對方沒有雙手環胸，而是放在桌上，雙掌隔開一段距離。 ☐

24 對方在你面前看手錶或時鐘。 ☐

25 對方移開你們中間的杯子或菸灰缸。 ☐

診斷結果

用表情、動作、視線等語言之外的方式表現感情，這又稱為符號化。解讀這些符號的能力稱為符號解讀力，這些項目是在測驗你的符號解讀力，奇數是代表你受歡迎的符號，偶數是代表你不受歡迎的符號，或是對你不太有好感的符號。

正確率高的人

這代表你有很強的符號解讀能力，為人細心體貼，擅長洞悉別人的感情，也懂得如何表達自己的感情。

正確率低的人

旁人可能認為你遲鈍，或是不懂察言觀色。請參考這二十五個項目，慢慢學習如何解讀對方的表情或動作吧！

簡易的性格判斷法❷

你會坐在哪個位子？

坐在①或⑤

你是話題的核心，會帶動眾人交談的類型。當大家必須做出決定時，你會發揮自身的領導力，領導在座的眾人盡快談出結論，以便達成團體的目標。

坐在③或⑦

你會仔細聆聽整場對話，並用均衡的方式統整眾人的意見。當大家必須做出決定時，你會把人際關係看得比達成目標更重要。

坐在②④⑥⑧

你不會積極參與成員間的對談，在會議上也盡可能保持低調，通常會服從其他人做出的決定。

第 2 章

轉化不安的心理學

1 對嶄新或未知的事物感到不安

不安是對危險和失敗感到害怕

不安會影響身心

當我們面對重要工作或新的挑戰時，都擔心可能會失敗。遇到新課題或未知的事物，會感到不安是理所當然的，就算有足夠的經驗也一樣。

不安是一種不明所以的恐懼，或是可能發生壞事的不祥預感。人在不安時，**交感神經***會受到刺激，產生心跳加速和肌肉緊繃等現象，內心的緊張會連帶使身體狀況有所改變。

奧地利精神分析學家**佛洛伊德**認為，不管是在人前演講、參加考試、或是對心上人告白，原因明確的擔憂稱為**恐懼**，原因不明確的則稱為**不安**。這兩者並沒有確切的區分方式，我們就把這兩者放在一起，從廣義的角度來思考不安。

不安也有助於達成課題

不安也不是只有壞的一面，有時候也會發揮正面的作用。首先，帶給身心適度的**緊張感**，有助於達成課題。再來，不安是**危險即將發生的預感**，感受到不安時可以先防患未然。比方說，公司交給你一份重要的工作，缺乏經驗的你非常不安。這時候，你應該仔細分析不安的

* **交感神經**　控制內臟機能的一種自律神經，在遭受攻擊或承受壓力時，會促進血管收縮，提升心跳的速度。

原因，舉出自己可能會犯的失誤或敗筆，事先做好防範的準備，成功辦妥公司交代的工作。畢竟沒有不安的話，誰也不會吃飽沒事去做防範準備。

不過，如果當事人**處於極度緊張的狀態**，這就是負面的不安了。例如心跳過速、呼吸困難等身心方面的不適，會妨礙當事人達成課題。事先掌握放鬆身心的方法，就不會被過度的不安打垮了。

有益的不安和有害的不安

不安分成兩種，一種是對自己有益的不安，一種是對自己有害的不安。

不安發揮正面作用

「要好好念書，以免留下遺憾」

「再復習一次考試範圍吧」

「再確認一次前往考場的路程」

「準備好考試會用到的東西」

把不安當成動力

↓

適應上必要的不安

不安發揮負面作用

「我不行了」

「考了也沒用」

「反正不可能上的」

「超不安的，根本睡不著」

「萬一又失敗了怎麼辦？」

輸給不安造成的壓力

↓

妨礙適應的不安

這裡所說的適應，是指用妥善的方法面對自己的處境。努力念書消除不安、做好一切事前準備，這就是所謂的適應。反之，被不安的壓力打垮，提不起勁做任何事，這就稱為不適應。

2 遇到考試就身體不適

不安造成的緊張狀態，會給身體帶來負擔

不安會影響實力發揮

各位是否曾在考試前發生身體不適的狀況？或是在考試過程中，因為過度不安而表現失常？我們的生活中充滿各種考試，例如學測、考駕照、求職面試等等。再怎麼討厭考試，也還是得參加才能達成目標。

引起不安的對象，又稱為**不安標的**。會引起不安的交通工具、場所、討厭的人物、喜歡的異性，還有在人前演講這種行為，都屬於「外部不安」；至於自己心中的失敗記憶，或是特定的負面印象，這就屬於「內部不安」。考試是典型的外部標的，但過去失敗的記憶可能導致考前不安，也算是一種內部標的。

考前身體不適的原因，主要是考試這個不安標的，讓身心過度**緊張**，為了適應那樣的緊張狀態，身心承受了太大的負擔所致。適度的不安對日常生活有益，過度的不安反而有礙腦部運作。

消除不安的幾個步驟

過度的不安會影響到工作和生活，很多人依靠酒精或賭博來緩和不安，這樣反而會毀掉自己的生活。

引起不安的原因何在？

引起不安的對象，稱為不安標的。不安標的除了有外部和內部標的，還有一種情況是特定行為或過程所引起的。

外部標的

外在事物引起不安

例 一想到要搭乘交通工具就很不安／一搭上交通工具就很不安／交通工具的震動或氣味引起不安／害怕客滿的電車

➡ 「交通工具」是不安標的

內部標的

內心的思緒引起不安

例 沒有實際搭乘交通工具，光是一想到搭乘交通工具就感到不安

➡ 搭乘交通工具因而導致身體不適的「記憶」，成為不安標的

特定行為或過程

某種特定行為或過程引起不安

例 一搭上電車或巴士，就擔心可能會發生事故，整個人坐立不安

➡ 搭乘交通工具的「行為」成為不安標的

消除不安有以下幾個方法。第一是**找人商量**，有些問題對當事人來說很嚴重，但旁人或許可以輕易找到解決辦法。所以，平時要結交能談心的好朋友。

第二，事先掌握**放輕鬆**的方法，在緊張或不安時拿來用。比方說，在考場做一些簡單的伸展運動或深呼吸、思考愉快的事情等等，這些方法都非常有效。

第三，置身於其他樂趣中迴避不安，這又稱為**逃避***。例如去旅行轉換心情，或是從事興趣和休閒活動，總之有各式各樣的方法。

第四，好好面對不安的原因，**找出是什麼原因造成自己不安**。與其一直懷抱著不明所以的不安，這樣做反而能減輕心靈上的負擔。

***逃避**　暫時逃離痛苦的現實，藉此減輕不安或煩惱，屬於一種自我防衛機制（詳見➡第五二頁）。然而，持續逃避有荒廢日常生活的風險。

3 女性成功也不會張揚的原因

害怕引起眾人反感

都說「成功只是運氣好」

各位在職場或考場上獲得好成績，會有什麼樣的反應？少數人可能會表現出志得意滿的模樣，但大部分人都是謙稱自己運氣好，或是沒什麼大不了。

跟那些志得意滿的人相比，大家對謙虛的人比較有好感。只是，謙虛不見得是害羞造成的反應。尤其是女性，一方面希望獲得認同，一方面又不想過度聲張自己的成功。這又稱為**成功規避需求***。

美國女性心理學家**霍納**，曾讓男女學生撰寫一篇關於醫學院高材生的故事。如果故事中有負面形容，那就代表當事人有成功規避需求。例如，好成績純粹是運氣好、為了成績吃了很多苦頭，這都屬於負面形容。結果發現，百分之九點一的男性，有成功規避需求，女性則占了百分之六十五點五，絕大多數女性都寫出很謙遜的內容。

霍納認為那是**女性從小就被教導要含蓄的關係**，成功規避需求是女性特有的傾向，但有許多人反駁這個論點。

棒打出頭鳥

＊**成功規避需求**　向旁人展現自己差勁的一面，避免招人嫉妒，失敗時也能減輕自尊心的傷害。

日本社會有棒打出頭鳥的傾向，日本人不論男女，成功規避需求都比歐美人強烈。根據實驗結果，優秀的成績在眾人眼中屬於討厭的特徵（**易受傷害性***＝Vulnerability），有被攻擊的風險。不過，有些情況下必須稍微宣揚一下，才會得到適當的評價。因此到底要不要聲張宣揚，這是需要準確判斷的。

成功規避需求的實驗

實驗方法　美國心理學家霍納，讓密西根大學的學生看下面這一句話，並且要他們寫出一篇故事，藉此瞭解他們的成功規避需求。

「學期結束後，安娜（男性的考卷上寫約翰）得知自己是醫學系第一名。」

結果　超過百分之六十五的女性，寫出規避成功的故事，男性只占百分之九，剩下的九成以上都寫出成功的故事情節，顯然女性的成功規避需求較為強烈。

霍納認為，女性擔心成功會讓自己看起來太過陽剛、有被社會拒絕的風險，所以才對成功感到恐懼或不安。

***易受傷害性**　也被譯為可傷性、暴力誘發性，是一種容易引起旁人攻擊的特徵。人種、宗教、美醜、家世、成績等等的差異，都有可能成為易受傷害性。

4 擔心別人不喜歡自己

沒有自信，卻又想得到認同

不安感強烈的人，自我評價不高

過度不安的人都有幾個共通的傾向，第一是**自我評價**（詳見⬇第四八頁）**不高**，認為自己沒有過人之處。明明他們也有優點，卻認定自己不如別人，對現狀或將來感到悲觀。而且，他們相信自己的能力或經驗不夠，所以不安和煩惱永遠揮之不去。

第二，這種人自我評價不高，卻又極度**希望獲得認同**。**人際知覺**是指全方位瞭解一個人的思維、需求、性格、能力等**人格***特質（Personality），過度顧慮人際關係，或是過度依賴特定對象，這都是**人際知覺需求**的象徵。

不要太在意他人評價

可是，太過在意人際關係，等於無時無刻都在計較別人的眼光。於是，討好別人成為首要之務，反而荒廢了自己真正想做的事情或目標。

而且，人際知覺的需求太強烈，一整天都會跟別人黏在一起，受到人際關係擺布，過著看別人臉色的生活。久而久之，就會壓抑自己的想法或意見，遵從別人的看法，模仿對方的行動，這又稱為**屈從***。

有這種傾向的人要努力做好兩件事，首先是

＊**人格**　Personality這個字源於拉丁文的「Persona」，本為「面具」之意。也是決定個人行動或思考特徵的要素。

去做一些**增加信心**的事，提升自我評價。再來要懂得**掌握平衡**，跟周遭好好相處確實很重要，但也沒必要勉強自己迎合別人。不要為了迎合別人，強迫自己去做討厭的事情。

人際知覺和屈從

我們都會在意別人的看法，但扭曲自己的意願去迎合別人，藉此來博得好感的做法是有問題的。

人際知覺需求

大家是怎麼
看待我的？

在意旁人的眼光，想知道旁人的動向。

屈從

我不希望別人
説我壞話…
我希望大家
都喜歡我

就算對方的意見跟自己不一樣，表面上還是會贊同對方。使用從眾的手段，來獲得對方的好感。

該怎麼做才好

①提升自我評價

找一些可以提升信心的事情來做，不管是興趣或工作都好

②不要勉強自己迎合別人

- 展現自己拿手的領域
- 要明白過度的從眾行為，會害自己永遠得不到認同
- 要明白有獨到的意見或看法，反而比較容易得到旁人的認同

＊**屈從**　這屬於一種自我防衛，贊成自己並不支持的主張或意見，避免引來周遭的反感。

5 失敗後無法重新振作

滿腦子悲觀的思維

失敗一次就變消極

各位在遭遇挫折的時候，會一直耿耿於懷？還是很快就重新振作？完全不反省自己的失敗並非好事，但遲遲無法擺脫鬱悶的心情，會影響到下一次行動。

難以從失敗中振作的人，可能屬於**悲觀的類型**，這種人擔心未來會比現在更糟糕。

美國心理學家**塞利格曼***表示，悲觀的人會把一時的失敗視為永遠的失敗。比方說求職面試落選了幾次，悲觀的人就認為自己不可能成功，這輩子都不適合當上班族。

再者，**悲觀的人**失敗一次，就覺得一切都完蛋了。例如談戀愛失敗一次，就認定自己再也無法談戀愛，一定不會有人看上自己。其實那純粹是跟特定對象不合，他們卻失去自信，沒辦法樂觀面對。

樂觀才會順利

相對地，樂觀的人情場失利，只會當作彼此沒緣分，並且重新等待下一段良緣，不會一直耿耿於懷。

事實上，樂觀的人處理工作或人際關係特別容易成功，積極正面的心態對健康也大有好處。

*塞利格曼　研究憂鬱症和異常心理的美國知名心理學家，主要提倡「正向心理學」和「樂觀主義心理學」。

樂觀的人不容易感冒，罹患癌症時抗癌細胞也極為活躍，也不容易自殺和離婚。

你要相信自己一定可以排除萬難、獲得成功，這樣才會產生樂觀的思維。有心擺脫悲觀思維的人，**請先遺忘各種妄自菲薄的負面言詞**。捨棄負面言詞，就等於向遠離負面思維踏出了第一步。

如何掌握樂觀的思維？

悲觀的人和樂觀的人，對同一件事的看法大不相同。

你會怎麼看待這一件事？

悲觀
「杯子裡只有半杯水」
（產生不滿或不愉快的心情）

樂觀
「杯子裡已經有半杯水了」
（產生滿足和開心的心情）

在日常生活中多看看自己擁有的，很多時候不滿就會化為滿足了。

「只睡了四個小時」 → 「已經睡了四個小時」（完成工作之後早點睡吧）

「只考了七十分」 → 「好歹也考了七十分」（再用功念書，成績會更上一層樓）

悲觀的人不妨試著揣摩一下樂觀的思維，從另一種角度反思自己心中的成見，可以大幅改變自己的感情，並且掌握積極正面的態度。

6 害怕被拋棄的不安

受人際關係所苦的邊緣型人格障礙

被拋棄的經驗為其主因

各位會不會擔心沒有人需要自己？有些人很害怕被孤立，因此極力討好別人，甚至故意割腕來引起旁人的注意，這很有可能是**邊緣型人格障礙**。

這屬於一種**人格障礙**，人格障礙患者的思維或行動，通常背離一般的社會準則或常識。德國精神醫學家**史奈德***認為，這是一種當事人或社會都很頭痛的人格異常。

這種障礙最大的特徵，在於「害怕被拋棄」的不安。他們受不了自己一個人，所以會去依賴朋友、熟人、戀人。一旦雙方產生親密關係，他們又會過度介入對方的私生活，而且缺乏耐性。碰到不如意的事情就使用暴力，親密關係也就蕩然無存。他們看到對方離去，就認定自己被拋棄了，這也是他們害怕再次被拋棄而感到不安的原因。

獲得關愛的重要性

其實我們在一般人身上也看得到類似的現象，只是情況沒那麼嚴重罷了（各位若有左頁圖示的現象，不代表就是罹患邊緣型人格障礙）。

＊**史奈德**　全名寇特．史奈德。有留下許多思覺失調症的相關研究論述，對精神疾病的詮釋與診斷有很大貢獻。

產生邊緣型人格障礙的其中一個原因是，患者在嬰幼兒時期沒有獲得穩定的**母愛**＊（或是類似於母親之照護者的關愛），對周遭產生**恐懼**或**不信任感**，進而影響到人格發展。罹患這種障礙的人，**對愛情有強烈的渴望**。

關鍵在於嬰幼兒時期要獲得關愛，當事人也要主動培養自己感興趣的嗜好或運動，或者結交朋友和戀愛對象等等，這些事情都非常重要。治療這類型的疾患，需要醫師或醫療機構的專業協助。

邊緣型人格障礙

邊緣型人格障礙有以下幾項主要特徵。

1. **情緒波動強烈，怒意極強**

2. **性格衝動，容易吵架**

3. **人際關係不穩定**

4. **學業或工作無法持之以恆**

5. **缺乏獨立自主，依賴心極強**

6. **異常在意旁人評價**

根據《精神疾病診斷與統計手冊》（DSM-IV-TR）製成

＊**母愛（類似於母親之照護者的關愛）**　詹姆斯．馬斯特森等人認為，十五個月到二十二個月大的嬰幼兒，若沒有得到母親（或照護者）的關愛或適當的鼓勵，就會覺得自己被拋棄，在發育過程中造成障礙。

7 得不到正面評價就會感到不安

自我表現欲和喝采需求強烈，還有喜歡引人注意的人，容易產生這種情況

從唱卡拉ＯＫ來看自尊心

各位跟朋友一起去唱卡拉ＯＫ，都是第幾個開唱的？唱的又是什麼歌曲？唱卡拉ＯＫ的順序和選擇的歌曲，會表露出一個人的性格。第一個搶下麥克風，演唱時下流行歌曲的人，通常**自尊需求極強**，喜歡引人注意。

流行金曲會隨著時代改變，有可能是偶像團體的歌曲或流行音樂。不管在哪一個時代，永遠選擇當紅歌曲演唱的人，主要是希望自己也能跟歌手或偶像一樣，受萬人景仰，想要獲得認同的欲望也比一般人強烈。

這種人在唱歌時也許會加入歌手的動作或舞蹈，徹底模仿對方。他們對服裝或髮型的流行趨勢也很敏感，**平常的言行相當引人注目**。由於**自我表現欲**＊極強，常會表現出很在意旁人目光的舉動。其實這種人很單純，在唱卡拉ＯＫ的時候，只要被別人稱讚就會很開心，就算是場面話也一樣。

從自我表現欲到喝采需求

所謂的自我表現欲，是一種想要獲得評價的需求，這本身不是一件壞事。只是，太強烈的自我表現欲，會導致極端的**自我意識膨脹**＊，進

＊**自我表現欲**　向旁人或社會表現自己，希望自己的存在、能力、外貌、家世、經歷等條件獲得認同的一種強烈欲望。

從卡拉 OK 分析你的性格

從唱歌的順序和選曲類型，可以知道你的性格。

喜歡唱流行歌曲

通常會搶著第一個唱歌，唱流行歌曲還會搭配動作。

➡ **喜歡引人注目，多半是團體的核心，負責發號施令。**

喜歡唱演歌

喜歡唱一些人情義理、哀怨苦情的歌曲，而且唱得很投入。

➡ **在現實生活中也很容易情緒化，這類型的人多半有些做作。**

喜歡唱新音樂、搖滾、西洋歌曲

對自己的嗜好頗有堅持，不會在人前過度表現情感。

➡ **知道自己的方向，遇事會採取合乎邏輯的判斷方式，但容易聽信頭頭是道的說詞。**

不喜歡唱卡拉 OK

自尊心極高，不喜歡放縱喧鬧。或者對自己的歌喉沒信心，羞於在人前演唱。

➡ **通常自我意識太強烈，好好稱讚他們的話，就會對你打開心房。**

而產生**喝采需求**，適得其反。

擁有喝采需求的人，看到別人對自己的話題感興趣，或是工作或學業獲得讚賞，就會感受到強烈的喜悅。他們的言行會刻意吸引旁人注意，來滿足喝采需求。**有時候還會用說謊的方式獲得關注**。

如果太常說謊矯飾自我，這就代表喝采需求已到了很危險的程度。請各位回顧自己的言行舉止，萬一發現自己太常說謊，不妨列出說謊的好處和壞處，冷靜判斷一下說謊對自己的傷害有多大。

＊**自我意識膨脹**　太過在意自己的事情，很擔心自己在別人眼中的形象，遲遲不敢採取行動，又稱自我意識過剩。

8 不肯承認自己的責任

明知自己有錯，卻死命找藉口

明知自己有錯，卻不肯道歉的人，到底問題出在哪裡？首先，他們可能認為道歉就是在**否定自我**。

這種人其實**心胸狹隘又膽小**，跟他們表面上的態度大不相同。他們無法忍受旁人給予自己不好的評價，為了保護**自尊心***，他們非但不肯承認自己的過失，甚至會反過來尋求**讚賞**，或是誇耀自己的才能，他們相信同樣的事情換成其他人來做，一定會失敗得更慘。於是，情況也就更加惡化了。

誤以為「道歉＝否定自我」

各位在工作上失誤或跟朋友吵架時，會不會立刻跟對方道歉？沒做錯事卻動不動就道歉固然也有問題（詳見➡第五〇頁），但明知自己有錯還不肯道歉，會被當成一個沒誠意、不懂禮貌的傢伙。長此以往，不只會失去**信賴**，旁人也會不願意再搭理你。

當然，在商場上輕易道歉可能會被要求賠償，因此情況也不能一概而論。不過，跟同事或朋友相處的時候，如果自己給對方添麻煩了，應該先誠心道歉才對。

向外尋找失敗或成功的原因

＊**自尊心**　或稱驕傲、虛榮、傲慢、自戀等等，語意有好也有壞。

第二，**外在控制型**的人（詳見⬇左圖）通常也**不願意承認自己的責任**。他們習慣向外尋求失敗或成功的原因。比方說，上班遲到就怪電車誤點，工作失敗就怪上司指示不明，或是客戶弄錯了。這樣做的好處是不容易累積壓力，

但也不會從失敗中汲取教訓，是一種永遠不會成長的人。

請承認自己的失敗，好好改善缺點，這樣才會成長進步。

外在控制型和內在控制型

不管外在控制型或內在控制型，都是性格類型中的其中一種，差異在於如何看待周遭事件跟自己的關係性。

外在控制型

認為成功或失敗的原因都跟自己無關。

⬇

犯錯也不認為是自己的問題，所以不會道歉。凡事推諉卸責，覺得是自己「運氣不好」。

- 不會檢討失敗的原因，因而一再犯下同樣的錯誤。
- 對不好的結果沒有責任感，不會受壓力或罪惡感所苦，情緒轉換極快。

內在控制型

認為結果取決於自己的能力和努力。

⬇

犯錯了就會馬上向對方道歉。

- 會檢討失敗的原因，尋求改善之道，所以很少犯同樣的錯誤。
- 不過，一遇到壞事會認為都是「自己的問題」，經常感到過度失落。

9 忍不住表現出冷淡的態度

內心的動搖不想被別人發現

不開心是一種「小小的報復」

假設親朋好友看到你心情不好，跑過來關心你，你會不會冷淡地回他們一句「沒事」？當我們在煩躁或消沉的時候，常會冷淡回應對方。尤其那句「沒事」是**強烈的拒絕言語**，對方聽了會覺得自討沒趣，再也不跟你說話。

其實，你應該感謝對方的關心，這樣才不會讓他感到不愉快。明知這是正確的做法，為何會忍不住說出拒絕的言語呢？主要原因有以下兩點。

第一，把關心你的對象當成得罪你的對象，進行**小小的報復**。把同伴當成敵人攻擊，各位可能覺得這種心態莫名其妙。但從心理學的角度來看，將不安、憤怒、憎恨的對象轉移到無關的對象上，甚至對無關的對象宣洩情感，這又稱為「**替代作用**」。這是一種保護自己心靈的**自我防衛機制**（**防衛機制**，詳見➡第五二頁）。

強烈拒絕的背後藏有真正的情感

第二個理由是，刻意表現出冷淡的態度，隱藏自己內心的動搖。有時候，我們不好意思被別人發現自己的緊張或不安。這種情況下說「沒

故作冷淡的心態

人之所以會故作冷淡，主要跟以下幾種心態有關。

「替代作用」

將無處宣洩的憤怒或屈辱，發洩在關心我們的人身上，而非事主本身。

自我防衛機制發揮作用，保護自己受傷的心靈，於是就產生「替代作用」了。

不想被別人看出自己緊張不安（羞怯）

認為接受別人的關心慰問，等於間接承認自己的緊張不安。

為了隱瞞羞怯所表現出的冷淡。

受到冷淡對待還願意來關心你的人，代表他看出拒絕背後所隱藏的情感，因此不妨對他傾訴你的心聲吧！

事」，其實是「不要管我」的意思。通常對方只會照字面上的意思來解釋這句話的涵義，對話也就到此中斷了。

不過，有些人聽到冷淡的回應，還是願意伸出援手，聆聽你的問題。因為他們看出拒絕的背後，其實隱藏著不安或不愉快的心情，他們知道你需要陪伴。

當我們快被緊張或不安的情緒壓垮時，想要找人分擔這種心情是很自然的。請不要堅持隱瞞自己脆弱的一面，老實跟身旁的人傾訴內心的不安吧！

10 動不動就說自己笨

其實是想獲得稱讚

自降水平來博得讚賞

是不是有人動不動就說自己笨？或是自嘲不學無術？這種態度乍看之下很謙虛，但太過頭會給人一種**卑下***的感覺，無法留下好的印象。刻意貶低自己的理由有以下幾點。

第一是預先拉低自己的身價，以便在成功時獲得讚賞，滿足**喝采需求**（詳見⬇第八一頁）。比方說，一件事情只要出七、八分的力就能完成，卻故意裝出非常辛苦才完成的模樣。然後在工作結束以後，特別強調自己勞苦功高，讓別人以為工作很困難，進而獲得讚賞。

不過，這種做法只能滿足自己的喝采需求，有時候旁人會覺得你不肯盡力。類似的手法用久了，反而會招致反感。

第二是**先替自己的失敗打預防針**，等到真的失敗才不會受到抨擊。例如先謙稱自己能力有限，或是目標太過困難，事先準備好「失敗也情有可原」的藉口。萬一失敗了，還可以保護**自尊心**（詳見⬇第五〇頁）。

偶爾也會用來博得好感

第三個理由是刻意表現低姿態，拉抬對方的地位，博得對方好感。這種**卑微***的做法屬於一

*卑下　故意採取低姿態讓人輕視，或是表現出逢迎諂媚的模樣，跟謙虛（適度的含蓄）是不一樣的。

種**迎合行為**（詳見⬇左圖），用逢迎拍馬的方式博得好感，都屬此類。

總之，拉低自己的水平是沒辦法進步的，而且也享受不到挑戰的喜悅和成就感。人類能從失敗和挫折中學到教訓。習慣貶低自己的人最好能改變這種態度。

各種迎合行為

迎合行為又稱為「獻殷勤」，泛指刻意博得對方好感的言行，迎合共有幾種模式。

讚美

拍馬屁拉抬對方身價

太明顯的拍馬屁只會造成反效果。

卑微

藉由貶低自己的方式拉抬對方身價

言詞太過，聽起來反而會像冷嘲熱諷。

親切

關心對方的行徑，給予適當幫助

有時候反而會造成對方的壓力。

從眾

贊成對方意見，或是模仿其行動

看起來就像是對方的跟班。

＊**卑微**　表現出自己不如對方的態度，以示自謙。藉由貶低自己，來拉抬對方的身價。

11 在網路上講別人壞話的心態

網路具有助長攻擊行為的特性

網路是不負責任的匿名世界

各位心情不好的時候，會不會在部落格、推特、論壇上發文罵人呢？在網路上若沒有特別注意口德，很容易發表各種批評和負面言詞，這是網路的特性使然。

人們習慣在網路上罵人，這可以從網路的特性來說明。首先，網路是一個**匿名的世界**，說再多壞話，身分也不會曝光，沒有受到反擊的風險。**能待在安全的地方攻擊他人**，也就特別容易發洩憤怒與不滿了。

第二，網路上充斥著攻擊個人或群體的文章，視聽者也容易受到**影響**。比方說，有小朋友看到大人對人偶施暴，這些小朋友比沒看到暴力情節的孩童，更具有攻擊性。加拿大心理學家**班杜拉**從這個實驗證明，**人與人之間的攻擊行為是會互相影響的**。這一點可以說明人在網路上的攻擊行為，當我們看到攻擊性的文章，也會變得充滿攻擊性（**模仿學習***）。

養成謹慎思考的習慣

第三，**網路是一個要求迅速反應的世界**，**人們無法養成謹慎思考的習慣**。由於吸收的訊息量太大，沒有時間好好分析內容，各種誹謗中

＊**模仿學習**　看到某個行動後，以該行動為模範，自己也採取相同的行動。

傷也容易被拿來濫用。

壞話講多了會養成習慣，以後看事情都會帶有惡意。就連撰寫負面的文章，也只會用固定的表現方式，因為腦袋沒有經過思考，也就難以產生新的想法。在網路上發文之前，請先深呼吸重新檢閱自己的文章，沒根據的內容就直接刪掉，**並養成審視文章的習慣**。

上網就充滿攻擊性的原因

網路的特性，會增加我們對別人的攻擊性。

1 缺乏抑制惡意的要素

在日常生活中講人壞話，有遭受反擊或失去人望的風險；而在網路上是匿名的，可以放膽說別人壞話。

➡ 大家都把生活中的不滿、憤怒、憎恨，發洩在網路上。這也算是自我防衛機制的「替代作用」（詳見➡第八五頁）。

2 有強化惡意的要素

網路上充滿攻擊性的語言，會誘發更具攻擊性的言詞。

3 沒有時間好好分析訊息

大家沒有思考的時間，就把聽過的話直接搬來用。

➡ 沒有養成思考的習慣，想法變得十分膚淺，開口閉口只會罵人。

解決辦法

❶ 養成思考習慣。
❷ 不要照搬別人說過的話來用。
❸ 寫完文章後，重新檢查一遍內容。

12 在網路上自吹自擂

其實是在現實社會中缺乏信心

失控的虛榮心

各位是否曾在部落格或推特上，塑造出跟自己完全不同的人格？網路是一個充滿各種演技和表演手法的世界，我們可以編造自己的性別、年齡、職業。只要沒給人添麻煩，出於好玩**編一點故事**也沒什麼大不了。

問題是，有些人會佯裝自己社會地位極高，或是炫耀自己跟名人熟識。其實仔細閱讀那些文章，你會發現他們不過是在現實生活中缺乏自信，才想在網路上自吹自擂一番。像這一類文章通常**虛實**交錯，內容安排十分巧妙，有時候很難辨別真偽。在現實社會中，同樣有**虛榮心**＊和**自我表現欲**極強的人，想要誇示自己的存在。然而，網路上的訊息有限，有心人士可以更巧妙地誇示自己。

自以為優秀

網路跟現實社會不同，很容易給使用者一種無所不能的**自我萬能感**。當然，只要不給其他人添麻煩，在假想世界中營造這種感受，滿足自尊心也未嘗不可。

可是，**過度讚揚自己的能力，也等於是在輕視其他人**。自以為無所不能的感受太強烈，就

＊**虛榮心**　過度相信自己的能力，產生出想要誇示的心情，一種想要打腫臉充胖子的需求。

會覺得其他人都是笨蛋，難以建立良性的人際關係。

如果各位在網路上經常說謊，動不動就想跟別人競爭比較，或是大量批判周遭的人事物，那麼很有可能是自我萬能感太強的警訊。**請在**

現實的人際關係中，努力提升同理心。

自我萬能感太強會怎樣？

凡事只看對自己有利的一面，就會以為自己能力優秀，無所不能。

1 在網路上以為自己無所不能，希望別人看重自己，吹牛情形也愈來愈嚴重。

2 在現實生活中也開始主張自己的能力高超，可惜拿不出任何成績，經常失敗。

3 被別人點出缺失，就會激烈反駁。因為輕視旁人，所以跟大家也處得不好。

解決辦法　不要表現出輕視別人的態度，要習慣從別人的角度來看事情。

13 對社會感到恐懼

拒絕社會的「繭居族」

原因多半出於嚴重的精神創傷

各位在職場或學校**過得不順遂**時，會不會想要拋下一切逃避現實？逃離職場和學校，把自己關在家裡也是一種**自我防衛**，時間久了就可能變成**繭居族***。

近年來，有各種原因導致人們變成繭居族。例如被同學霸凌、大考失利、離婚、在職場上捅婁子、跟上司爆發激烈衝突，精神受到太大的刺激，還有一些是原因不明的情形。

繭居族多半**有深刻的創傷**，**覺得日子很難熬**。他們對人際關係相當不安，再也不願意離開自家或房門一步。

這跟**拒絕上學***也有密切的關係，但這也不是年輕世代的專利。有愈來愈多三十到五十多歲的上班族，受不了職場環境或人際關係，最後失去自信變成繭居族。

中高年繭居族隱含著各種問題，他們的父母都已經退休了，家中收入只剩下父母的年金，生活過得非常拮据。父母死後，如何維持生活也是一大問題。

請多利用地區支援中心

繭居狀態持續太久，容易引發憂鬱症或焦慮

***繭居族**　根據厚生勞動省的定義，不跟家族以外的人溝通交流，也不去上學或工作，待在家中超過六個月就算繭居族。

症等心理疾病。焦慮症是指不安到坐立難安的心理疾病，而一般人對繭居族偏見很強，還有人認為他們純粹是好吃懶做。因此，當事人和家族都覺得日子很難過，**請尋求專家或專門機構的協助，不要只靠家族幫忙解決問題。**日本各都道府縣和政令指定都市中，除了有繭居族的地區支援中心以外，還有精神保健福祉中心、保健所、兒童諮詢所等機構，請先跟這些機構商量看看（編注：在台灣可向各縣市所屬的社會局處諮詢請求協助）。

繭居族的階段性特徵與應對方式

瞭解繭居族處於哪個階段，再來對症下藥才是關鍵。

1 準備階段

特徵：不安和緊張感強烈，有抑鬱傾向。因為有在持續求學、就業，旁人難以察覺。

應對：若有常請假等異常行為發生，請認真傾聽當事人的煩惱。

2 開始階段

特徵：開始繭居家中，不安和焦慮愈來愈明顯，會產生幼稚的言行或是暴力舉動。

應對：當事人需要休養，家族和相關人士則需要一段緩衝的時期。不要過度指示當事人該怎麼做，這一點很重要。

3 繭居階段

特徵：前幾個階段的不安定已經消失，可以稍微跟社會接觸，例如深夜跑去超商買東西等等。

應對：照看當事人就好，不要急著讓當事人回歸社會，請相關的支援機構或支援者，幫忙緩和家族的不安。

4 回歸社會階段

特徵：反覆嘗試跟外界接觸，逐漸展開活動。

應對：不要對當事人的變化忽喜忽憂，要保持穩定的關係。

不曉得該找誰商量的話，在日本當地請聯絡各都道府縣或政令指定都市的「繭居族地區支援中心」（二〇一三年一月，日本全國已設立三十八個處所），尋求指示。

根據厚生勞動省「繭居族評鑑暨支援相關指南」製成

＊**拒絕上學**　因為生理、心理、社會因素而不上學，或是有心無力的狀態。只不過，疾病或經濟因素不算在內。

14 熱愛故鄉和母校的原因

重新確認自我認同

偏袒自己所屬集團的心態

各位看到自己的母校培育出知名人才，是不是有種驕傲的心情？另外，我們看到高中棒球或職業足球的比賽，也會自然地替家鄉或母校的球隊加油。這種熱愛故鄉與母校的心情，究竟從何而來？

這可以從兩個角度來分析，第一是社會心理學說的**內團體偏私**。不管是基於特殊目的成立的學校或企業，還是自然成立的**社群**＊（**共同體**），成員在當中進行各種交流，就會產生所謂的**同儕意識**。然後做為該團體的成員，會開始做一些有利自己團體的事情，這又稱為內團體偏私。

內團體是指自己所屬的團體，除此之外的稱為外團體。內團體是**自我認同**＊（**自身特色**）的依據，在團體中相處久了，會對團體本身或其他成員產生情感，樂於為團體出力。這樣的行為會產生忠誠心或**歸屬認同**（**自己隸屬於團體的感受**），熱愛故鄉或母校的情感便是由此而來。有時候，對其他學校或地區可能也會產生敵意。

對家鄉和母校懷有鄉愁

＊**社群**　住在同一個區域，有深層社會連繫的地區共同體。國際上的聯盟或網路上的團體，也能稱為社群。

第二個理由是，對家鄉或母校懷有**鄉愁**。鄉愁是指**對過去的某個特定場所，抱有深刻強烈的情感**，例如自己過去成長的地方等等。

內團體偏私再加上鄉愁，就會產生熱愛故鄉或母校的情感。而且這不是單方面的愛，還會幫助我們確立自我認同，重振自己的心靈。所以，熱愛家鄉和母校是極有意義的。

內團體偏私實驗

實驗方法　請實驗者評論內團體和外團體成員的藝術作品。

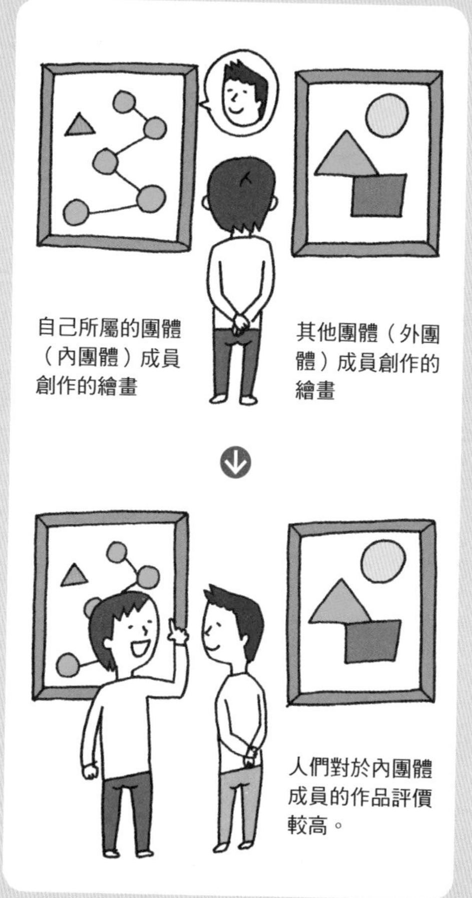
自己所屬的團體（內團體）成員創作的繪畫
其他團體（外團體）成員創作的繪畫
人們對於內團體成員的作品評價較高。

結果　當人們隸屬於特定團體，就覺得團體是自己的一部分，會給予內團體較高的評價。

＊**自我認同**　或稱身分認同，美國心理學家艾瑞克森提倡的理論。可以讓我們確認自己跟別人不一樣的要素，形同自己的特色。

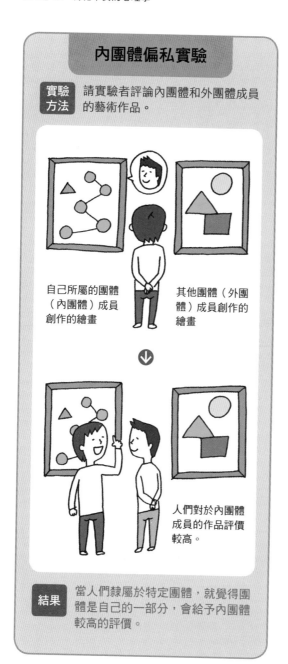

瞭解你會如何對待初次見面的對象

假設你在路上散步，看到一隻可愛的小狗，你會採取什麼樣的行動？請從下列三種行動做出選擇。

A 在遠處觀察

B 假裝沒看到，直接經過

C 蹲下來摸摸頭

診斷結果　這一隻小狗代表初次見面的對象。從這一個測驗中，可以瞭解你會如何對待初次見面的對象。

選擇A的人

你非常在意旁人對自己的看法。由於太過在意，所以乾脆選擇忽視，可能有非常怕生的問題。

選擇B的人

你稍微有些在意旁人對自己的看法。你願意接受對方，跟對方打好關係。只要有一點勇氣和契機，就能發展出嶄新的人際關係。

選擇C的人

你對任何人都很開放，喜歡積極跟旁人接觸。遇到初次見面的對象，也能很自然地跟對方攀談，馬上稱兄道弟。

第3章

解決內心煩惱的心理學

1 覺得自己缺乏膽量

膽量不是與生俱來的

如何培育自己的膽量？

各位是否曾經埋怨過自己缺乏**膽量**＊？例如一碰到陌生對象就緊張，連話都說不好；開會時被點名就不知所措，完全無法表達自己的意見；難得有機會跟心儀對象相處，卻沒辦法好好跟對方交談。

其實有沒有膽量不是與生俱來的，每個人都有「膽量的種子」。**差別在於膽量大的人，他們知道如何培養自己的膽量**。那麼，到底該如何引導出自己的膽量呢？

覺得自己缺乏膽量的人，可以事先制定「**提升膽量的行事準則**」。在我們的日常生活中，有一些場合必須要鼓起勇氣去面對，能否在這些場合下冷靜行動，端看你有多少自己的行事準則。缺乏經驗的人，沒有處理問題的準則，所以才會感到不安又慌亂。

請累積各種經驗，事先制定各種行事準則。如此一來當你遇到問題時，才能保持臨危不亂的精神狀態。

在不同的環境下培養經驗

要培養大量的行事準則，最好多嘗試一些不同的經驗，不要因為那些事情跟自己無關，就

＊**膽量**　遇事不動如山的氣魄，冷靜又不會害怕的強韌精神力，凡事都勇於挑戰的意志。

不願意嘗試。事先累積各種經驗，也許日後有機會派上用場。

比方說，偶爾去一流飯店或餐廳消費，那些地方有一種不同於日常的獨特氛圍，沒經驗的人肯定會感到緊張。有體驗過那種氛圍的人，就會漸漸變得有自信，碰到類似場面就能從容不迫。

請各位在生日或節慶時，放膽去那些高級地方消費，增加各種經驗和行事準則。

深入瞭解　用自信轉移法則提升膽量

除了本文介紹的方法，還有一種方法可以在你做沒把握的事情時，幫助提升膽量。請隨便選一件你擅長的事情來做，哪怕是完全無關的事情也無所謂。把那種信心當成墊腳石，對於提升膽量很有幫助。

久而久之，你就敢去做一些以前你認為辦不到的事情，而且做起來也會比較順利。像這樣在新領域挑戰成功，這一份經驗會開拓出其他擅長的領域，增進你的自信和膽量。心理學稱之為「自信轉移原則」。

例如，考試時先解簡單的題目，不要一下就去挑戰困難的題目，考起試來就會比較順利。不管工作或日常生活都一樣，請先進行簡單的，再來挑戰困難的。

自己擅長的領域
↓
成功了
↓
增加自信
↓
挑戰新的領域

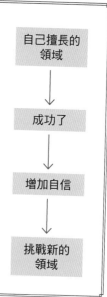

2 太在意旁人對自己的看法

自我意識太強，反而會迷失自我

化妝會改變性格？

各位女性朋友是不是經常改變自己化妝的方式？其實，頻繁改變化妝的方式並不是一件好事。這代表太在意「**別人眼中的自己**」（**公眾自我意識***），這種意識太強會缺乏自信，迷失真正的自己。

自我意識有分兩種，一種是重視自我感情和需求的**私我自我意識**，另一種是在意旁人目光的公眾自我意識。公眾自我意識太強烈的人，做任何事情都在意旁人的反應，希望獲得很高的評價。這種女性可能會刻意改變化妝，來吸引旁人的目光，或是購買名牌精品，炫耀自己的地位等等。相對地，她們會盲目地聽從他人意見，壓抑自己的喜好或興趣，形成**欲求不滿**的狀態。

當然，善用化妝技巧能增加自信，言行舉止也會更有魅力。曾經有人做過一個實驗，讓女學生進行街頭訪問工作，並且分析在專業人士替女學生化妝以後，採訪狀況跟素顏時有什麼不同。結果發現，專業人士替女學生化妝之後，女學生看到自己在鏡子裡的模樣，會比素顏時更積極採訪路人。她們知道自己變漂亮了，因此行動也更加積極正面。

* **公眾自我意識**　在意別人如何看待自己外觀、行動、言行的一種傾向。

化妝其實是一層面具，會發揮**面具人格**的效果。面具人格的原文來自希臘古典戲曲中所使用的面具，心理學家**榮格**借用這一個字眼，把人類的外在取名為「面具人格」。事實上，有些女性素顏時個性含蓄，化妝後就變得十分大膽。

細心檢查鏡中的自己

如果公眾自我意識太強，太在意旁人的目光，可能會動不動就照鏡子，或是觀察自己在玻璃上的倒影，細心檢查自己的外觀。站在這個角度來看，這種人很在意自己的容貌與外觀，也算是對自己要求嚴格的人。

只不過，太在意化妝或自己的容貌，就會產生欲求不滿的心情，做任何事都缺乏自信。有時候請試著**表現出自己的興趣或嗜好**，沒必要太過在意旁人的目光。

改變化妝方式的好處與壞處

善用化妝技巧是提升個人魅力的一大關鍵，但太在意旁人的目光，頻繁改變化妝的方式也有問題。

好處

- 外觀變得更有魅力，會充滿自信，連言行舉止都跟著改變。
- 有時候會變得外向又有社交性。
- 可以滿足變身欲望。

壞處

- 變身欲望太過於強烈，就會產生欲求不滿。
- 做任何事都缺乏自信。
- 不只勤於化妝，甚至還不斷整形。

3 容易被人欺騙

學習如何看破對方說謊，以免受騙上當

容易說謊的人、容易受騙的人

各位是否有被欺騙的受害經驗？就算自己沒有，身旁或許會有一些被騙財、騙色，影響到人生和前途的被害者吧！他們多半是容易被騙的**老好人**，也有重蹈覆轍的傾向。

相對地，也有很多人是為了滿足自己的**虛榮心***而**打腫臉充胖子**，或是不願意承認自己犯的錯誤，而輕易說謊騙人。所以我們必須學會洞悉謊言的技巧，保護自己不受傷害。

說謊是看得出來的

心理學歸納出了一套辨別方法，可以從對方的語言或**肢體動作**，看出對方正在說謊或是打算說謊（詳見⬇左圖）。

比方說，說謊的人習慣**碰觸自己的頭髮**、**臉龐**、**嘴唇**。動物學家**德斯蒙德‧莫利斯**，稱這種舉動為**自我親暱**（觸摸自己身體的一部分，來獲得安心感）。說謊的人內心多半會感到不安，所以常有類似的舉動。表情在某種程度上可以操控，但下意識的肢體動作就很難。

＊**虛榮心**　在意旁人眼光，刻意把自己的外觀或能力表現得比實際更好。

說謊的人有哪些言行舉止？

說謊的人會有一些特徵，事先記下這些特徵，就有機會看出對方在說謊。

手的動作

說謊的人會緊握雙手，或是插入口袋，抑制手部動作。

用手摸臉

動不動就觸摸臉上各個部位，例如鼻子、嘴巴等等。

姿勢

頻繁改變姿勢，身體的動作變多。

言語

答話速度變快，以免對話中斷。或是刻意說得很快，希望盡早結束對話。

表情

笑容變少，頻繁點頭。

視線

女性說謊時會凝視對方，男性則會避免對上視線。

※也有研究指出，男女雙方都會避免視線相對。

4 常被說「服裝太花俏」

自己跟外在的界限不明確所致

身體形象是我們對自己身體的一種印象，這也是區別自己跟外部的一條界限。這條界限的基礎是皮膚，但服裝和飾品也算是第二層皮膚。

不會拿捏自己與他人的距離感

我們可以跟別人溝通交流，主要是自我和外部的界限分明，懂得拿捏彼此距離的關係。然而，有些人的身體形象邊界狹隘又不明確，無法拿捏好自己與對方（可能是人或事物）的距離，往往會過度介入對方的內心，或是刻意疏遠對方，造成連普通對話都很困難的局面。

穿戴太過花俏的人，主要是身體形象邊界不明確所導致的。

服裝是身體的一部分

如果各位覺得自己明明穿得很普通，但旁人總說你「服裝花俏」，或是經常關注你的服裝，這可能代表你不懂得依照時間、場合來選擇衣服。這樣的話，也可能意謂著你不太會拿捏自己跟旁人的距離。

打扮花俏的原因，一種是**喜歡引人注目**，對自己的品味或身材很有信心，為人積極又懂得取悅旁人。還有一種是**身體形象邊界**＊（Body-image Boundary）模糊，自己跟外在的界限不明確所導致的。

＊**身體形象邊界**　區分自己與外界的界限，具體來說是人體皮膚，但人類穿上衣服後，服裝也是身體形象邊界的一部分。

夠明確，所以才要穿上比旁人更華麗的衣服來補其不足。

不過，**身體形象邊界並不是固定的，而是會隨著身上穿的衣服改變**。換言之，我們也可以好好利用這一點。例如，害怕在人前發表演說的時候，不妨穿著名牌套裝。高級服飾的價值人盡皆知，身體形象邊界會變得很明確，有消除內心不安的作用。

身體形象邊界

人類是靠身體形象邊界來區分自我和外在環境。當身體形象邊界模糊不清，就會下意識地選擇花俏的衣服。

身體形象邊界明確

自己和旁人的界限分明。

身體形象邊界模糊

界限混淆不清，難以區分自己和他人。

刻意選擇花俏服裝，劃清彼此分界。

當無法認清身體形象邊界時

當我們沒辦法分清自己和他人的區別，會對日常生活造成影響。有時候可能會覺得外在的人事物，離自己非常遙遠。或是缺乏現實感，彷彿活在夢中一樣（自我感喪失）。

5 容易感到焦躁、疲倦

身心負擔過大，造成不適

壓力是造成不適的原因

各位最近是不是容易心浮氣躁，常常**不自覺**地喊累？一到假日就整天窩在棉被裡，身體稍有不適也很難復原？這些症狀的原因可能來自於**壓力**。

壓力是一種**身心承受負荷的狀態**，本來是生理學的用語，直到加拿大生理學家**謝耶***在一九三六年發表壓力學說，才廣泛成為醫學和心理學方面的用語。

壓力跟健康狀況息息相關，一旦壓力浮現，身體就會產生**防衛反應（壓力反應）**來消除壓力。例如容易心浮氣躁、容易疲勞，這些症狀都屬於防衛反應。

另外，壓力跟性格、疾病也有明確的關係。為人認真嚴謹、不知變通的神經質性格，特別容易感受到壓力，也有容易罹患胃潰瘍或十二指腸潰瘍的傾向。

盡快解決壓力

現代社會充滿了壓力的成因，若感受到壓力，最好**盡快設法解決**。左頁有一張簡易的壓力量表，請各位確認看看。一般來說，性格靈活的人，比擇善固執的人更有抗壓性。合計七分以

＊**謝耶**　全名漢斯．謝耶，壓力學説的提倡者。他最早把生理學的「壓力」一詞，拿來形容生物的緊張或扭曲狀態。

上的人，請盡快檢討自己的行為、習慣、生活態度等方面（本書➡第一二八～一三〇頁還有檢查壓力成因的量表，請搭配使用）。

解決壓力的方法主要有四點。第一，感受到壓力後，請好好休息，**保持充足的睡眠**。第二，在固定時間用餐、就寢，**養成規律的生活習慣**。第三，靠興趣或運動**發洩壓力**。第四，找值得信賴的對象**商量**。

壓力量表

累積太多壓力，對身、心都有不良影響，請確認自己是否累積太多壓力。看完下列各個項目以後，請在〔 〕中記入分數。

經常發生：5分
偶爾發生：3分
完全沒發生：0分

1〔　　〕最近處理任何事情都缺乏耐心
2〔　　〕沒有必要時也會一直注意時間
3〔　　〕沒辦法從容做好一件事
4〔　　〕會做一些無理取鬧的要求
5〔　　〕感覺容易發脾氣
6〔　　〕動不動就有感冒、頭痛、消化不良、胃灼熱、腹瀉、便祕等身心症狀
7〔　　〕暴飲暴食
8〔　　〕不太想悠閒度日
9〔　　〕跟別人的交談次數減少
10〔　　〕太過認真嚴謹
11〔　　〕容易陷入沉思
12〔　　〕動不動就吵架

合計　　　分

合計7分以下…幾乎沒有壓力
合計8～17分…似乎有某些壓力
合計18～33分…壓力有些大
合計34分以上…壓力非常大

6 跟不上生活環境的變化

因生活節奏或人際關係改變而產生壓力

日本的五月病源於新生活的壓力

在日本，不管各位是社會新鮮人還是新生，在剛進入公司或學校的一個月後，也就是五月左右，有沒有產生不安、失眠、倦怠之類的症狀，甚至是遲到早退呢？這是因生活節奏改變而產生的**壓力**，身心為了適應壓力，才會對自己施加過度的負擔。

壓力的成因（**壓力源***）分為三大類。第一類是寒熱、噪音、花粉、災害等**物理壓力**。第二類是疾病、傷勢、睡眠不足、過勞等**生理壓力**。第三是學校、職場、家庭的人際關係生變所產生的**心理和社會壓力**。其中，就職、入學、調職、搬家等環境變動，會伴隨生理壓力、心理和社會壓力。

尤其就職和入學等活動，要面對新的人際關係，還有不習慣的生活節奏。剛到新環境，精神特別緊繃，比較感覺不到壓力，等到五月黃金週假期結束以後，新生活也告一個段落，壓力就會在鬆懈時趁虛而入。很多人無法妥善排解壓力，身心產生不適的症狀，所以又被稱為**五月病**。

有旁人協助更容易度過難關

適應新生活節奏以後，五月病自然就會復原

＊壓力源　會帶來壓力的刺激，比方說寒冷或炎熱這一類的環境因素，也有疾病、受傷、人際關係等各式各樣的壓力源。

了。但也有不少人遲遲無法復原，最後只好退學或辭職。其中一個原因是，他們身旁沒有家人或朋友提供協助。其實只要有人提供支援，就算承受了一些壓力，要度過困境也絕非難事。不過，身旁沒有人提供支援的話，一點點的壓力也有可能造成重大傷害。

要避免這樣的情況發生，**請積極尋求旁人的協助，直到適應新生活為止**。找值得信賴的上司、前輩、同事，加強彼此的聯繫，不要一個人面對煩惱。

測量你的抗壓性

請回答你最近一個月的狀況，並在〔 〕中記入分數，來測量你的抗壓性高低。

經常發生：5分
偶爾發生：3分
完全沒發生：0分

1〔　　〕一想到未來就很不安
2〔　　〕覺得自己很沒用
3〔　　〕總是靜不下來
4〔　　〕對以前喜歡的興趣或活動無感
5〔　　〕容易發怒
6〔　　〕不太關心自己的服裝儀容
7〔　　〕一點小事也耿耿於懷
8〔　　〕非常努力
9〔　　〕集中力和專注力衰退，常常失誤或忘東忘西
10〔　　〕一直都有煩惱
11〔　　〕對性不感興趣，失去性欲

合計　　　　分

合計11分以下…抗壓性90%以上
合計12～16分…抗壓性70%
合計17～21分…抗壓性40%
合計22分以上…抗壓性10%以下
這個測驗合計22分以上的人，抗壓性已經變得非常差了。

7 對工作或生活提不起勁

迷失目標的各種症候群

身心俱疲症候群

一般來說，誠實、嚴謹、不知變通的人比較容易感受到壓力。即便你是一個積極、有活力、競爭心極強、頗具攻擊性的人，也同樣躲不過壓力的摧殘。這種人遭遇失敗或挫折時，也同樣容易受到傷害。

再者，這類型的人承受過度的壓力，也好發身心症。比方說，有時候我們工作完會**產生一種虛脫感，遲遲無法恢復幹勁**。也有女性努力操持家務，結果得知丈夫變心後，就一直生活得有氣無力。這些症狀稱為**身心俱疲症候群**（Burnout Syndrome）。這是一種失去工作或生活目標，身心完全喪失氣力的狀態。罹患這種症狀的人，對任何事都無動於衷，充滿一種無力或疲勞的感覺，喪失對工作或生活的熱忱，甚至產生**酒精成癮**（詳見⬇第一六八頁）或**失眠**等症狀。

不斷做夢的「青鳥症候群」

身心俱疲症候群常見於中老年人身上，而剛開始成為新鮮人的年輕世代，無法適應現實生活，不斷追逐夢想的症狀稱為「**青鳥症候群***」。

他們認為自己有其他更好的歸宿或出路，因

＊**青鳥症候群**　源於梅特林克的小說《青鳥》，書中主角為追尋青鳥四處飄泊，可惜徒勞無功，最後回到家才發現青鳥近在身邊。

此辭去現有的工作，努力去考取證照，或是去外國過著四處漂泊的生活。不過，他們無法適應現實的生活，**始終找不到滿意的歸宿**。

無論是身心俱疲症候群或青鳥症候群，都是難以獨自解決的問題。最好的方法是**找值得信賴的對象，尋求對方的意見**。或許這麼做沒辦法直接解決問題，但有一個傾訴的對象也能減輕精神上的負擔。再者，跟別人聊一聊，或許就知道自己真正想要的是什麼了。

各式各樣的症候群

像身心俱疲症候群或青鳥症候群，每個人或多或少都有類似的心態。除此之外，還有下列幾種症候群。

1 拒絕上班症

想到要上班就頭痛反胃，或是產生腹瀉症狀。星期一早上身體不適，又稱為週一病（星期一症候群）。

2 彼得潘症候群

像彼得潘那樣拒絕成為大人，思想完全不成熟。跟青鳥症候群類似，但彼得潘症候群多半見於無法適應社會的男性身上。

3 空巢症候群

小孩獨立以後產生空虛、無力、不安等情緒，多見於四十到五十多歲婦女，可能會產生精神官能症或憂鬱症等症狀。

4 冷漠症候群

這是一種沒有心力去上學或念書的症狀，通常在五月發病，因此又稱為「五月病」（詳見➡第一〇八頁）。

8 容易感受到壓力的性格

充滿野心又不服輸的人，其實抗壓性不高？

競爭心強的人容易罹患心臟病

各位在旁人眼中，是不是一個積極、有行動力、充滿活力的人？如果有人這樣形容你，代表你很有能力，不只工作上能幹，私底下也會領導同伴達成任何目標。

這一類型的人乍看之下沒有缺點，但美國精神科醫師**羅森曼**和**弗里德曼**，分析過這些人的共同行為模式，發現他們也是有缺點的，還替他們取了一個稱號叫**A型性格**。實際上，A型性格的人特別容易罹患**心臟病**。

A型性格的人充滿**野心**＊，想達成目標的企圖心極強。有時候體力已經快撐不下去了，他們還是會繼續工作，不太會感受到疲勞或不安。旁人也樂於交辦他們工作，他們總是過得很忙碌，對其他人也有很強的競爭意識，心裡有著慢性的焦躁感和壓力。這一切對心臟造成強烈的負擔，久而久之就容易引起心肌梗塞或狹心症。

如何妥善處理壓力？

相對地，**B型性格**的人不太會罹患心臟病。他們對成功或爭勝不太感興趣，屬於**我行我素的性格**，身心始終保持放鬆，不太會承受壓力。

美國心理學家**提摩蕭**曾經採訪癌症病人，發

＊**野心**　對權力充滿嚮往，自己也想獲得權力。對於名聲、財富、權威極端敏感，也願意積極挑戰新事物。

現有將近四分之三的患者，不會把憤怒、悲傷等負面情感表現出來。像這種會顧慮他人，而且**具有自我犧牲情操和忍耐力**的人，稱為**C型性格**。從不同的意義上來說，他們跟A型一樣很容易累積壓力。

如果各位屬於A型或C型性格，請好好思考如何消除壓力。比方說，在工作閒暇之餘按摩一下僵硬的筋骨，或者藉由運動或個人興趣發洩壓力。總之，要找出一個妥善面對壓力的方法才行。

三種性格的個別特徵

A型性格容易承受壓力，心臟病風險也特別高。B型性格不容易累積壓力，C型性格容易罹患癌症。我們就來歸納一下這三種性格。

A型性格

- 做起事來幹練迅速，喜歡工作。
- 競爭心強，充滿野心。
- 說話快，腳步快，吃飯也快。
- 很在意旁人評價。

B型性格

- 行事風格我行我素。
- 重視個人隱私。
- 性格溫和。
- 不太在意旁人評價。

C型性格

- 忍耐力強。
- 容易受傷。
- 不會表達自我主張。
- 常有犧牲奉獻的行為。

9 減輕壓力的方法

活用管理方法紓解壓力

人生不可能全無壓力

人生在世不可能完全沒有壓力，但壓力是有辦法減輕的。每個人對壓力的感受性不同，不太在意壓力的人，請繼續保持下去就好；至於容易受到壓力逼迫的人，就應該好好學習處理的辦法，盡量減輕自己的壓力。

減輕壓力的方法稱為**壓力管理**，其中有一種方法是專門聚焦在壓力源上，試圖消除或解決壓力源，稱為**壓力因應***。所謂的「管理」，是善用自己現有的力量或資源，順利達成目標的方法。

適合自己的解決方法

減輕壓力的方法主要有以下幾種。

① **問題解決型**：把壓力源或壓力視為一大問題，運用解決方法減輕壓力。

② **發洩型**：透過遷怒或攻擊行為發洩壓力。

③ **緩解型**：透過興趣、運動、遊戲、喝酒來消除壓力。

④ **放置型**：忍受壓力，等待時間流逝。

第一種問題解決型是面對壓力成因，努力尋求解決之道，稱得上是最恰當的解決辦法，缺點是認真處理太花時間。第二種發洩型算不上

***壓力因應**　泛指妥善解決壓力的成因。有直接處理成因的辦法，也有改變接納方式的辦法。

聰明的解決辦法，只會引來旁人反感。

第三種靠運動或興趣發洩壓力，屬於很健全的辦法，對健康也大有益處，適當飲酒也有調整心情的作用。第四種放置型什麼都不用做，不花時間和金錢。若是可容忍的壓力，那麼不妨靜觀其變，試著跟壓力共存也未嘗不可。

處理壓力的方法

美國心理學家理查・拉薩魯斯，把因應壓力的方法分為八大類型。

1 對決型

面對壓力，採取行動。

2 隔離型

遠離會產生壓力的狀況。

3 自我控管型

控管自己的感情或行為。

4 尋求社會支援型

收集資訊或接受諮詢。

5 接受責任型

承認自己錯誤的行為，深切反省。

6 逃避型

試圖逃避問題。

7 計畫型

試著有計畫地解決問題。

8 肯定評價型

藉由壓力提升自我。

10 如何與壓力共存？

找人商量來緩解內心緊張

發出聲音也能緩解緊張

找個人傾訴自己的煩惱，也有消除壓力的作用。如果各位有什麼憤恨不平的負面情緒，不妨找親朋好友商量看看。將壓力造成的負面情緒傾訴出來，有**緩和緊張**的作用。

例如，有人適逢喪母之痛很難過，於是跟職場上的同事傾訴母親過世。這時候，對方表示哀悼之意，並且訴說自己喪父的沉痛經驗。這種情況就是雙方**自我揭露**（詳見⬇第五八頁）內心的痛苦，進而產生同理心或寬慰的心情，成功釋放心中的壓力。

把自己的煩惱、不滿、憤怒**化為語言發洩出來**，能發揮**淨化作用***減輕身心負擔。有一個傾訴的對象，效果會更加地好。跟值得信賴的對象傾訴煩惱，心情會有很大的轉變，傾訴的效果比各位想像的還要好。

在網路上傾訴，不容易消除壓力

現在有愈來愈多人，會在網路抒發自己的煩惱，或是在論壇上找人商量問題。雖然比什麼都不做來得好，可是跟見面詳談的效果比起來，淨化作用沒那麼好。因為，**淨化作用必須先揭露自我，讓對方感同身受才有效果**。而在匿名

＊**淨化作用**　釋放壓力或負面情感，緩和內心的緊張。傾訴心中的煩惱，或是透過藝術表達自己的內在都算淨化作用。

的網路上抒發，很難真正體會到對方感同身受的情緒。

人與人之間有心理上的隔閡，若是關係不夠親密也無法商量重要的事情。所以平時要勤於培養人際關係，出事情時才有人能一起商量。

把心理問題寫下來歸納統整

妥善地傳達自己的壓力不是件容易的事，把自己心中的壓力或問題，依照下面的幾個項目寫下來，跟別人商量時會表達得更順利。

❶對什麼事感覺有壓力

❷當時的情緒

❸當時的健康變化

1 對什麼事感到壓力

- 最近環境是否有變化？
- 職場或人際關係是否有問題？
- 跟家人是否有問題？
- 最近是否感到很困擾？……等等

2 當時的情緒

悲傷／悔恨／不安／憤怒／寂寞／想逃避／什麼都不想做／看不到未來／焦躁／羨慕／憎恨／愧疚……等等

3 當時的健康變化

- 感覺到壓力時，健康狀況是否有變化？
- 是否有疾病、疼痛、不適感？……等等

11 動不動就遷怒他人

挫折引發的攻擊行為

為什麼會遷怒他人？

各位心情不好時會不會**遷怒***旁人？就算你有值得同情的理由，被你遷怒的對象也不會有什麼好臉色，甚至還會影響人際關係。

遷怒的主要原因是**挫折**（或稱**欲求不滿**，詳見⬇第一三二頁）。一般人使用這個字眼跟壓力的意義差不多，但挫折是需求得不到滿足時，產生的一種**焦躁的心情（內在緊張）**，也是**心理壓力**的成因。

當挫折感累積到一個程度，就會用攻擊他人或自傷的方式來發洩。遷怒就是一種發洩挫折感的攻擊行為。

提升同理心

遷怒他人不是一件好事，請想出更好的辦法抒發挫折感吧！例如，找出挫折感的原因，解決問題，就不會再有憤怒的情緒了。

除此之外，**從事個人興趣或運動**也有助於排解挫折感。

最重要的是提升自己的**同理心**，不要把挫折感轉化為憤怒或攻擊行為。所謂的同理心，是用感同身受的方式，去體會對方的所思所感。有同理心的人，懂得體諒對方的心情，不會隨

*遷怒　把憤怒發洩在無關的人事物上，而不是解決自己真正該面對的問題。

便遷怒他人。

平時**養成傾聽別人意見的習慣、努力理解雙方的立場差異**、多多稱讚對方的優點，這些方法都能培養同理心。

同理心量表

請用 YES 或 NO 回答下列問題。

		Yes	No
1	好朋友考試成績優異，你會替他感到高興。	□	□
2	就算遇到陌生人，你看對方的表情和態度，就能推測他的內心。	□	□
3	你看到有人被電視劇感動到哭，覺得無法理解。	□	□
4	你看到別人失落，自己也會感到落寞。	□	□
5	你看到感人的電視劇，會把自己代入主角的情境。	□	□
6	好朋友不必開口，你就知道他在想什麼。	□	□
7	你看到獨居老人覺得很可憐。	□	□
8	你看到有人難過落淚，煩躁的心情更勝同情。	□	□
9	別人的意見很容易改變你的決定。	□	□
10	你看漫畫時，經常被主角的情緒影響。	□	□
11	你看到別人被冷落，會覺得生氣。	□	□
12	你跟別人交流時，會想瞭解對方如何看待自己的意見。	□	□
13	旁人太在意小事，你也會覺得很煩躁。	□	□
14	你看電視劇很容易入迷。	□	□
15	朋友傾訴煩惱，你會想轉移話題。	□	□

除了3、8、13、15以外，YES愈多的人代表同理心愈強。遇到3、8、13、15以外的情境，多多給予正面評價，有助於提升同理心。

改編自日本「青少年暴力觀與惡行研究調查」（內閣府）

12 表現出傲慢的態度

凡事以自我為中心的態度表現

充滿自信與傲慢不同

各位是否擅長發表演說，而且領導力超群？**自尊心**（詳見➡第五〇頁）強的人，從事這些事情時不太會感受到**壓力**。他們的**自我評價**（詳見➡第四八頁）夠高，獲得稱讚對他們來說是一種喜悅，因此會積極在人前表現自我。由於為人充滿自信，能坦然面對緊張不安的情緒，因此演講或個人表現經常獲得成功。

話雖如此，也不是每一個人都喜歡他們。自尊心強會給人不可一世的印象，有時候在旁人或朋友眼中會是一個「**傲慢***的人」。那麼，充滿自信和傲慢到底差別在哪裡？兩者都是以堂而皇之的態度面對他人，但相處方式有很大的差異。

傲慢的人以自我為中心

如果你是一個充滿自信的人，堂而皇之的態度會帶有幾分**謙遜**，所以樂於幫助別人，也不吝給予其他人**稱讚**。另外，只要是自己能力所及，就會主動去幫助別人。跟你相處是件愉快的事情，大家都喜歡跟你做朋友。

反之，如果你是一個傲慢的人，凡事以自我為中心，覺得大家景仰你是理所當然的，把別

* **傲慢**　想要比別人更了不起，或是希望別人覺得自己很了不起。經常有瞧不起別人，或是看輕別人的舉動。

人當成你實現個人意志的棋子。這樣的話，會認為別人幫自己是應該的，所以不懂得誠心去拜託別人，也不會誠心表達感謝。更糟糕的是，傲慢的人對這些問題沒有自覺。

請各位確認一下，自己是否無意中變成了一個「傲慢的人」。判斷的基準在於，**當你看到同事或朋友成功，能否誠心給予讚賞**。就算不是誠心的，有雅量稱讚對方，就代表你不是一個傲慢的人。

自信與傲慢的差別

充滿自信與傲慢的差異，在於自尊心的高低有別。

有自信的人

- 不會用優勝劣敗來判斷自己與他人。
- 會老實承認自己的失敗。
- 樂於幫助別人。
- 會付出努力以達成目標。

傲慢的人

- 凡事不如己意就會發脾氣。
- 追求過度的讚賞。
- 瞧不起別人。
- 不會感謝別人。

13 只顧談論自己的話題

自尊心太強，對其他人不感興趣

自以為口才好

各位跟別人談話時，是否動不動就扯到自己的話題上？例如自己講個不停，不肯聽對方說什麼；不管別人談到什麼話題，都一定要發表自己的意見才甘心。這種人擅於**發號施令**，遇到熟悉的話題也很能聊，因此會以為自己口才好、社交性佳。

舉個例子，當大家在談論某部電影，你突然搬出其他電影的話題，或是提起完全無關的事情，周圍的人可能會覺得你**不懂得察言觀色***，因為你絲毫沒考慮到對話內容和氣氛。

自尊心過於強烈的人，對別人不感興趣，認為凡事都應以自己為重，稍有不如意就會感到**不滿**。而且，他們沒辦法客觀地檢視自己，不知道自己破壞了大家聊天的樂趣，還有現場的談話氣氛。

假如你覺得自己格格不入，每次加入談話氣氛就會變差，那你最好試著**自我監控**（詳見⬇左頁），看看自己是否一直說個不停，破壞了談話的氣氛。

關鍵在於「聆聽」

喜歡自說自話的人，就算你是無心打斷別人

***不懂得察言觀色**　不懂得配合他人，破壞團體和諧的人，俗稱「白目」。

檢視自己的言行

請用「自我監控」客觀看待自己的言行，
檢視自己是否變成一個不懂察言觀色的人。

- ☐ 不會被旁人的意見影響。
- ☐ 對別人不感興趣，凡事按照自己的意思行動。
- ☐ 沒有徵求上司或旁人許可，經常擅自行動。而且經常失敗，惹得大家發火。
- ☐ 感覺人際關係不太順利。
- ☐ 不懂得加以修飾，是個表裡如一的人。

凡是符合任何一點，就有可能是「不懂得察言觀色」的人。

談話，對方也不可能對你敞開心房，更不會告訴你重要的訊息。要避免這樣的情況發生，**請認真聆聽對方說話**。一開始你可能會覺得很痛苦，但還是請從兩、三次聚會中，挑一次**專心聆聽別人說話開始做起吧！**

若是跟親密的對象交談，請面對那個人，不時注視對方的眼神，用自然的方式回應對方的話題，點頭稱是。

至於跟戀愛中的異性，或是跟不太熟的人對話。**只要看著對方的眼睛，在談話的過程中點點頭，迅速給予適當的回應，這樣都能帶給對方好感**。

在商場上**聽到重要的話題，記得勤做筆記**。刻意寫給對方看，對方會覺得你很認真、很仔細地在聆聽。

14 控制憤怒的方法①自我說服法

跟自己對話，重拾冷靜

用自我說服法恢復冷靜

對別人的行為感到火大時，你是否會用嚴厲的口吻訓斥對方？在盛怒下**罵人**，可以暫時獲得宣洩，但問題本身並沒有被解決。況且，被罵的人也會心生反感，對你懷有恨意。

如果你是一個會被憤怒沖昏頭的人，有必要學習控制怒火的方法。這裡要介紹的**自我說服法***，是先想像出另一個自我，透過理性對話來壓抑怒氣，具體來說有以下幾個階段。

①清楚**掌握**自己當下的狀況。

②**檢討**自己發怒是否正當。

③假如生氣有正當理由，尋思該用什麼方法消除怒氣。想不到有效方法的話，不妨說服自己做更有意義的事，不要浪費時間發怒。用說服自己的方式消除怒氣。

④在第二階段若找不到正當理由，告訴自己發怒是不對的事情，趕緊遺忘心中的怒意。

冷靜思考，有助於消解怒氣

⑤在第三階段想到消除怒氣的方法後，**思考實行的效果如何**。萬一實行後成效不彰，或是會影響到自己的評價，給周圍的人添麻煩，那還是不要實行比較好。例如，被上司責備

＊**自我說服法**　一種控制怒氣的方法。先想像出另一個冷靜的自我，跟情緒化的自我互相對話，幫助自己壓抑怒火。

很令人火大，但我們不能直接跟上司吵架。

⑥思考到這一步後，**確認自己是否還有怒意**。通常在冷靜思考的過程中，怒火會逐漸消退（代表自我說服法奏效了）。

⑦怒火未消的話，**實行第三階段想到的消解法**。憤怒消解代表成功，沒有消解就採用其他方法，尋求解決之道。

自我說服法的過程

冷靜分析自己的怒氣，試著說服自己消氣，這就是自我說服法。透過以下幾個流程，即可實踐這一套方法。

被別人激怒了

↓

1 清楚掌握自己當下的狀況。

↓

2 檢討自己發怒是否正當。

↓

4 沒有正當理由。

↓

瞭解自己發怒並不合理，說服自己放下怒意。

3 發怒有正當理由，思考該如何消解怒氣。

↓

找不到消解怒氣的方法。

↓

說服自己去做更有意義的事情，不要浪費時間發怒。

5 找到消除怒火的方法。

↓

思考實行方法的效果好壞。

↓

壞處較多，就別去實踐。

→

6 確認自己是否還有怒氣。

↓

還有怒氣的話就繼續實行消解方法。

←

7 如果還存有怒氣，再嘗試其他的控制方法。

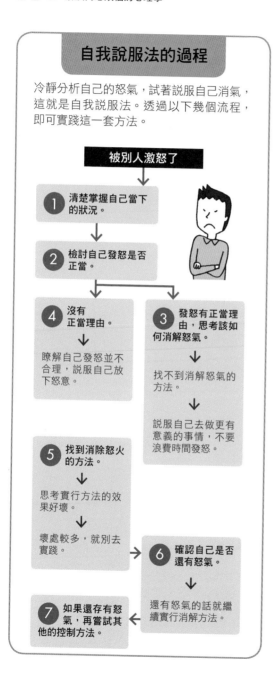

15 控制憤怒的方法② 思考中斷法

喊出「STOP！」，克制怒氣

中斷負面的情緒

在日常生活中，我們經常會被別人無心的言行激怒。如果使用自我說服法仍然無法消除怒氣，不妨試試**思考中斷法**。

這是美國的組織溝通學專家**斯托爾茲**＊所發明，是一種能有效克制怒氣的方法。原理是透過行動刺激身體，中斷憤怒或攻擊性的負面情緒，重拾冷靜心態的技巧。

最簡單的方法是在快要發怒時，對著自己**喊一聲「STOP！」**。這個方法意外地有效，光是大吼一聲就能中斷負面思考，讓心靈平靜下來。

假如自己不好意思發聲，可以請親朋好友在適當時機替你喊。

想一些愉快的事情

除此之外，**在遇到壞事時輕敲桌子，或是起身去上個廁所、喝一杯水等等**，都有轉換心情的功效。

不過，在周圍有其他人的情況下，不要發出吼叫聲或敲擊聲。有時候，可能當下的狀況也不允許去上廁所或喝水。

這種情況下，**請事先在手腕上套一條橡皮筋，然後拉開橡皮筋彈自己的手腕**。快要動怒時就

＊**斯托爾茲**　全名保羅．斯托爾茲，知名人事顧問，工作逆境指數的創始人。以理論和實踐方法，說明該如何跨越困境。

用橡皮筋刺激自己，久而久之就會形成下列的行動模式。**發怒↓彈橡皮筋↓利用刺激轉換自己的心情**。

中斷憤怒的情緒後，請想一些快樂的事情。例如自己的興趣、戀人、回憶等等，遠離憤怒或攻擊性的思緒。

跟前述的自我說服法一併使用，效果更佳。

使用卡片實踐中斷法

思考中斷法是一個中止負面情緒的簡單方法，但意外地有效。這裡介紹一個應用卡片的思考中斷法。

1 準備思考中斷卡

在一張名片大小的卡片上，用麥克筆寫下大大的「STOP」，隨時帶在身上。

2 觀看思考中斷卡

不管在任何地方，一旦感到憤怒或不安就拿出卡片，凝視上面的字樣三秒。如果附近沒有其他人，不妨看著卡片小聲唸出「STOP」。

這本來是治療強迫症的一種方法，可以中斷負面的思緒。視覺和聽覺同時接收到中斷的訊息，比只有一方接收到，更有效果。

測量你的壓力指數有多大

請依照下列的規定回答問題。
①大項的疑問請選擇「YES」或「NO」。
②選好後，回答A～F中的問題。
③文中所述符合現狀的話，請將（）中的數字，填到【】中。
④把A～F【】中所有的數字統計起來。

你是否結婚了？

NO （前往B）　YES （前往A）

A

①已經結婚了（50）【　】
②妻子（或丈夫）開始上班了（30）【　】
③妻子（或丈夫）沒在上班了（30）【　】
④夫妻吵架次數變多了（40）【　】
⑤妻子懷孕了（40）【　】
⑥最近有吵架，但已經和好了（50）【　】
⑦目前分居中（70）【　】
⑧最近離婚了（70）【　】
⑨最近妻子（或丈夫）去世了（100）【　】

B

①親戚之間的交際變多了（10）【　】
②買了新房子或房屋改建（20）【　】
③搬家了（20）【　】
④兒女長大獨立了（30）【　】
⑤跟親戚吵架了（30）【　】
⑥家人生病了（40）【　】
⑦家族人數變多了（40）【　】
⑧關係良好的親戚去世了（60）【　】

工作上是否有遇到問題？

NO （前往D）

YES （前往C）

C

①工作時間或工作條件改變了（20） 【 】
②跟上司吵架了（20） 【 】
③升官後，責任更重大了（30） 【 】
④快要退休了（40） 【 】
⑤必須把工作重新導回正軌（40） 【 】
⑥開始從事以往沒接觸過的工作（40） 【 】
⑦似乎快丟掉飯碗了（50） 【 】

D

①最近做了一點稍微違法的事（10） 【 】
②睡眠習慣改變了（20） 【 】
③飲食習慣改變了（20） 【 】
④消磨閒暇時光的方式改變了（20） 【 】
⑤長年來的生活習慣改變了（30） 【 】
⑥很在意性生活的變化（40） 【 】
⑦親密的朋友去世了（40） 【 】
⑧最近有受傷或生病（50） 【 】

經濟上是否有問題？

NO （前往F）

YES （前往E）

E

①有小額的貸款（抵押）（20）【 】

②有高額的貸款（抵押）（30）【 】

③最近繳不起貸款（抵押）（30）【 】

④經濟上有麻煩（40）【 】

F

①待人處事有所堅持，個性認真嚴謹（10）【 】

②性格內向，不擅長與人往來（10）【 】

③沒有什麼個人興趣（10）【 】

④沒有放鬆管道（10）【 】

⑤容易被感情影響，易怒（10）【 】

總計

分

診斷結果

A是結婚生活，B是家庭與親戚關係，C是職場環境，D是私生活，E是經濟活動，F是性格相關問題。這些項目可以全面確認你的壓力，瞭解你在哪一個層面壓力較大。

總分超過 200 分的人

你承受了很強大的壓力，擔心的話，請找朋友商量，或是尋求專業人士協助。

總分低於 200 分的人

這種情況也有可能是沒發覺自己的壓力，平常要多留意高分的項目，積極處理才行。

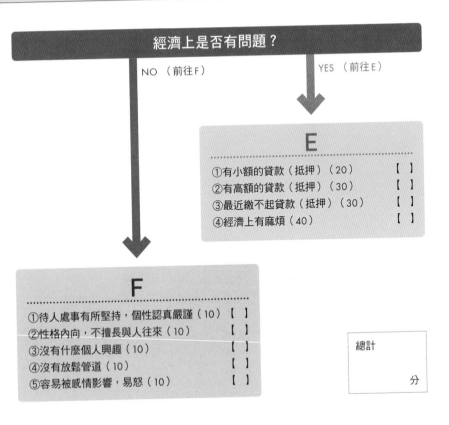

第4章

贏得人心的心理學

1 自己的失敗卻怪罪他人

把失敗歸咎於旁人或環境

絕不說失敗是「自己的責任」

各位失敗的時候，會不會怪罪到其他人身上？比方說左圖的情境，上司發現你製作的文件有問題，你會做出什麼樣的回應？

假如你把問題歸咎於外在因素，例如同事辦事不力、公司內部聯絡出問題、沒人教你正確的做法、時間太短來不及檢查等等，那麼你是屬於**外罰型**的人。

當不利的狀況或問題發生時，每個人解決**挫折感**＊（**欲求不滿**）的方法都不一樣，大體可以分為三種類型。分別是外罰型、**內罰型**（認為問題出自內在）、**無罰型**。

外罰型的人會把失敗歸咎於旁人或環境，絕不會說是「自己的責任」，因此容易樹敵，招致其他人的反感。內罰型的人凡事都認為是自己有錯，就連無力控管的因素，也認為是自己沒做好才導致失敗發生。

防止其他人犯下同樣的失敗

還有一種是無罰型，也就是不怪罪任何人，包括自己，只當失敗是「無可奈何」的事來**加以劃分的類型**。一個團體中無罰型的人太多，就難以釐清問題所在，也不會尋求解決之道，

＊**挫折感**　屬於一種欲求不滿的狀態，需求受到阻礙無法獲得滿足，產生不安與不滿的情緒。

同樣的錯誤會一再發生。

錯誤或失敗發生時，不需要把責任都往身上扛，但什麼處置都不做的話，其他人有可能重蹈覆轍。所以我們要從預防再犯的觀點，來思考具體的防治對策。例如文件上錯誤太多，就訂一個多重檢閱的規則，盡量減少失誤的機率。

性格調查測試

下面是一種測試性格的心理測驗，叫逆境圖畫測驗。依照你寫下的對話，可以知道你是哪一種類型的人。

請在對話框中填下你的答覆。

外罰型

「我做得很完善，都是○○的錯。」
「時間真的不夠。」
會說這種話的人，是把錯誤歸咎於他人或環境的外罰型，容易樹立敵人。

內罰型

「不好意思，是我粗心大意了。」
「是我不好。」
會說這種話的人，是把原因歸咎於自己的內罰型，遇事相當消極。

無罰型

「粗心犯錯在所難免嘛！」
「這也是沒辦法的事。」
會說這種話蒙混過關的人，屬於無罰型。凡事喜歡大事化小、小事化無，所以會一再犯下同樣的錯誤。

2 對親密的對象發洩怒火

深厚的情感容易轉變為恨意

對親密的人發怒反而沒有顧忌

我們每個人都有跟別人吵架的經驗，可能是意見不合或立場相左所致。然而，當我們跟自己的父母、兄弟、戀人等親密對象對立時，會表現出非比尋常的憤怒，例如破口大罵或痛哭抗議等等。**為什麼我們對親密的對象發怒，反而沒有顧忌呢？**

根據奧地利心理學家**阿德勒**的說法，我們對親密對象的憤怒，源自於一種「遭受背叛」的情感。心愛的人並不瞭解我們，這種悲哀和寂寞的心情，就是憤怒的源頭。

感情一百八十度轉變

劇變＊（**破局**）**理論**可以解釋，為何我們對親密對象動怒時，怒火會比平時更為激烈。就算是兩情相悅的戀人，在爭執分手後，也可能對彼此抱著老死不相往來的恨意。這種**感情極端反轉的心理現象**就稱為劇變。

根據劇變理論的說法，**當我們對一個人的感情愈深，產生嫌隙以後，恨意也會愈強烈**，這就是所謂的「由愛生恨」了。因此，我們不能隨便對親密的人發火，這樣不僅會傷害對方，說不定對方會再也不願意理你了。

＊**劇變**　指「強烈的變動」或「破局」的狀態，過去的秩序轉眼間蕩然無存。劇變理論是指感情產生極端變化的作用。

要避免類似的情況發生，請在快要動怒的時候，使用第三章介紹的「**自我說服法**」（詳見⬇第一二四頁）或「**思考中斷法**」（詳見⬇第一二六頁）來克制怒氣。或者，想一些自己喜歡的事情或對方的優點，藉由快樂的回憶來緩和情緒。

我們會對一個人爆發強烈的怒氣，代表彼此有著深厚的感情。如果一時控制不住脾氣，導致對方離開我們，到時候可就後悔莫及了。

劇變理論

這是指感情產生極端的變化，例如愛意愈深，產生嫌隙後的恨意也愈深。

我們深愛對方，也相信對方同樣深愛我們。

⬇

結果我們發現對方的愛不如預期，就會產生「受到背叛」的感情，愛情瞬間轉變為強烈的恨意。

對一個人的愛愈強烈，恨意和怒火也會愈強烈。

3 眼神透露的訊息比嘴巴更多？

比語言更受重視的非語言性溝通

比語言更能表達意圖的肢體動作

據說，足球選手在傳接球的時候，彼此會透過**目光接觸***傳遞訊息，以免被敵隊選手看穿意圖。另外，我們在餐廳請服務生過來，也會用眼神或肢體動作，不見得會出聲喊。

像這一類表情、眼神、動作上的溝通方式，又稱為**非語言性溝通**（Non-verbal，詳見⬇第四四頁），有時候比語言更能傳達真正的想法或意圖。

根據賓州大學的**博威斯特**調查，語言能傳達的訊息只占百分之三十五，剩下百分之六十五是靠動作、聲音、口吻、表情傳達的。人類會在不經意的情況下，使用非語言性溝通來做為表達意志的方法。

使用非語言性溝通，可以傳達一些語言不方便傳達的微妙情緒，或是不大好說出口的真心話。換言之，非語言性溝通有緩和語言的效果，以及明確傳達語意的效果。

錯誤的動作會遭致誤解

比方說，**在對話過程中注視對方的眼睛、適當地點點頭或給予回應**，這些動作等於是在告訴對方，我對你抱有好感，而且對你的說話內

＊**目光接觸**　看著對方的眼睛，用眼神來表達意志的方法，屬於一種非語言性溝通。

容很感興趣。

反之，對話時不注視著對方，對方提問也不給予明確的回應，這等於是在告訴對方，我對你沒有好感，希望對話快一點結束。如果真的是刻意為之，那也就罷了，但無意中使用這些動作，會造成對方的誤解。跟別人對話的時候，**要細心留意自己的表情或動作。**

從表情判讀心思的表情判斷實驗

實驗方法 心理學家艾克曼讓各國的實驗對象，觀看以下幾種外國人的表情圖片，看他們能否透過表情判讀想法。

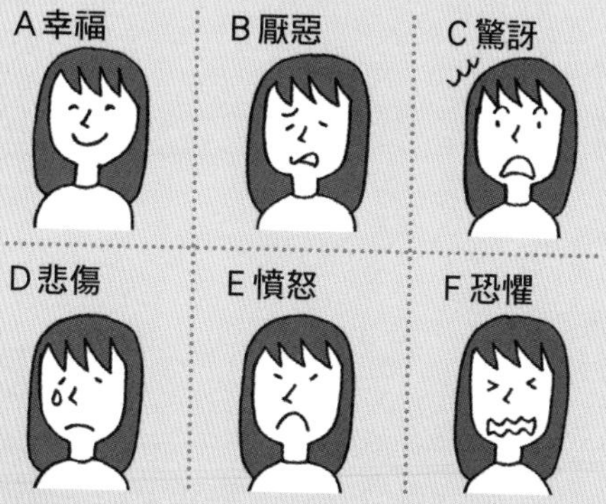

結果 日本人的表情判讀正確率，從A到F依序是100%、90%、100%、62%、90%、66%。儘管外國人的表情較難判讀，但日本和其他國家大多數的實驗者，都沒有誤判外國人的表情圖片。換言之，表情比語言更能傳達想法。

表情照片與情緒判斷的一致程度
（單位為百分比）

照片記號	A	B	C	D	E	F
艾克曼的分類	幸福	厭惡	驚訝	悲傷	憤怒	恐懼
美國	97	92	95	84	67	85
巴西	95	97	87	59	90	67
智利	95	92	93	88	94	68
阿根廷	98	92	95	78	90	54
日本	100	90	100	62	90	66

改編自艾克曼論述，1973

4 如何帶給對方好印象？

建立親密關係來改變印象——初始效應和親近效應

第一印象在相見的十五秒內決定

我們跟初次見面的對象碰面或參加面試，都會打理自己的服裝儀容來博得好**印象**。否則帶給對方不好的第一印象，這種印象會一直持續下去，很難扭轉回來（**初始效應**）。

那麼，第一印象是靠哪些要素決定的？美國心理學家**麥拉賓**＊的實驗指出，表情和態度的影響力占百分之五十五，聲音占百分之三十八，對話內容占百分之七。意思是表情和聲音遠比對話內容更重要，這又稱為**麥拉賓法則**。

想要帶給初次見面的對象良好的第一印象，**請保持笑容，用冷靜的聲音說話**。請看著對方的眼睛，輕輕揚起嘴角，說出口的每一個字都要發音確實。

第一印象是可以改變的

印象定型之後，不容易改變，但也不是全無可能。美國心理學家**路琴**做過實驗，他先讓實驗對象閱讀某段文章，文章形容某個人性格內向文靜，之後再給實驗對象閱讀另外一篇文章，文章形容同一個人性格外向好動。

之後，路琴詢問實驗對象，對於文章裡的那個人印象如何。大多數實驗對象讀完第一篇文

＊**麥拉賓**　一九七一年提出麥拉賓法則，又稱為「三Ｖ法則」，Ｖ取自語言（Verbal）、聲音（Vocal）、表情與態度（Visual）的英文字首。

章，認為文中之人性格「內向」，但讀完第二篇文章後，他們的答案就改為「外向」了。

而且，先讀內向描述的文章，再讀外向形容的文章，比只讀外向描述的文章，更容易感覺對象的外向性格。

這個實驗證明，**第一印象和後來的印象相左的話，人們會更重視後來的印象（親近效應）**。

第一印象確實很重要，但沒能營造良好的第一印象，也不需要放棄。還是有機會靠著之後的印象扳回一城。

路琴的親近效應實驗

實驗方法 心理學家路琴讓實驗對象先後閱讀兩篇文章。

①形容某個人性格內向的文章。

②形容同一個人性格外向的文章。

之後再詢問實驗者對於文中描述的人的印象。

1 讀完第一篇文章，多數人都說文中描述的人個性「內向」。

2 讀完第二篇外向形容的文章，多數人都回答文中描述的人個性「外向」。

結果 讀完第二篇文章後，人們會遺忘之前的第一印象，這又稱為親近效應。實驗結果證明，第一印象並非絕對無法扭轉。

5 如何跟合不來的對象打好關係①讓出對話主導權

好意聆聽對方說話，會產生好意的回報性

聆聽對方談話

每個人都有合不來的對象，如果雙方必須交際往來，那麼最好還是尋求方法建立適度的良好關係，這才是有建設性的做法。**仔細聆聽對方說話**，是快又有效的方法。

對方興致勃勃地談起電影、音樂、興趣的話題時，各位會不會裝出一副很懂的樣子，說出一些膚淺的讚美之詞，其實根本一點也不懂？你可能是愛慕虛榮才不懂裝懂，或是擔心據實以告會破壞對話氣氛。總之，這些回答無法帶給對方好印象。對方只會認為你態度敷衍，在失望的情緒下結束對話。而一旦得罪了對方，要打好關係就難上加難了。

假裝不知道，促使對方侃侃而談

如果各位想跟對方打好關係，就應該讓對方繼續暢談。例如，對方說到的話題你也稍微懂一點，這時候你要佯裝不懂，積極跟對方討教內容，對方也會很開心。

把對話的主導權交給對方，不僅聊起來更輕鬆，作為一個聆聽者，也能觀察對方的思維、經驗和性格。

萬一你比對方懂更多，難免會想炫耀一下那

些知識，但這麼做，可能會傷害對方的自尊。因此佯裝不知，給予一些適當的回應，對方就會開心地侃侃而談了。

對方看你專心聆聽，也會感受到你的善意。根據心理學的法則（**好意的回報性***），人類都會喜歡對自己有好感的人，感情升溫也就指日可待了。

從座位看對方的心理

選擇位子，有以下四種方式，每一種方式的意義都不同。

1 坐在斜角

雙方都很放鬆，適合閒聊、看病、同事開會等情境，彼此有意聆聽對方的意見。

2 比肩而坐

這是一種要共同達成目標的位置關係，雙方的身體易於接觸，關係夠親密才會這樣坐。

3 相視而坐

從普通閒聊到正式談話，各種情境都會採取這種坐法。但說服對方和互相對立時，多半也是這種位置關係。

4 坐斜對面

遇到不熟的對象或不願深交的對象，就會採取這種坐法。跟陌生人共用一張桌子，多半也是這種位置關係。

***好意的回報性**　人們會喜歡對自己有好感的人，跟回報性原理的思維類似（詳見➡第五四頁）。

6 如何跟合不來的對象打好關係②留意說話時的態度

無意識的動作是深層心理的表現

雙手環胸是自我防衛的動作

各位跟合不來的人交談時，會不會**無意識**地雙手環胸呢？**雙手環胸是自我防衛的姿勢**，代表不願意坦承相見，或是不願意接納對方的意思。反之，在不同意對方意見的情況下，或是在商場上談不攏的時候，這也是在委婉地表達「我對你的話題沒興趣」。

如果你在交談中經常雙手環胸，而且對方並不是你特別討厭的人，這代表你是一個警戒心極強的人。警戒心強的人不願理解對方的心情，也很難被對方的話打動。這種人跟其他人相處，會主動築起一道隔閡。

另外，翹腳也是一種**自我防衛**的姿勢。女性翹腳有可能被誤會為性暗示，所以必須要多加留意。

地盤被入侵，身體就會行動

抖腳也是拒絕聆聽對方說話的動作，**那是不滿或緊張的呈現**。加州大學的**羅伯特・索默爾**發現，當一個人的內心或**地盤***被過度介入，腳尖就會開始踩踏地板。**小動作抖動身體是對入侵地盤的對象，表示焦躁和拒絕的態度**。

視線左右游移，也代表我們對別人沒有好感。

***地盤**　每個人具備的個人空間，保有地盤是件愉快的事情。反之，侵入別人的地盤，或是自己的地盤被入侵，就會感到不愉快。

視線是非常重要的因素，最好不要擺出居高臨下的視線。**仰望的視線會給人一種謙遜的印象，俯視的視線則是要支配對方的態度。**

對話時動不動就轉移視線，也不會給對方好的印象。正常對話時完全不看對方，這主要是缺乏自信的關係。想跟對方打好關係的話，**請看著對方的眼睛說話。**

對話姿勢所代表的意義

看對方擺出的姿勢，可以推測其內心想法。

手臂

●環胸
▶自我防衛，保護胸口

●牢牢抓住身體一帶
▶害怕身體受到傷害

●談話時掌心朝向對方
▶友好、開放的心情

腿部

●緊張翹腳（女性）
▶自我防衛

●賣弄似地翹腳
▶可能為性暗示

●雙腳併攏
▶代表緊張

●雙腳微微張開，輕鬆地翹腳
▶代表放鬆，也希望對方放鬆

姿勢

●像僵硬的士兵一樣（男性），處於直立姿勢
▶閉塞感、充滿不安

●低著頭，一動也不動
▶不知所措，尋求協助

●女性擺弄或拉玩自己的頭髮
▶對交談的對象沒興趣，希望對話快點結束（同時需要觀察表情）

●撫摸嘴邊或下巴
▶對自己的發言很謹慎

改編自阿蓋爾論述，1975

7 想跟初次見面的人打好關係

稱呼對方的名字，增加親密感

在適當時機稱呼對方名字

各位跟初次見面的對象是否一直無法親密地交談呢？當然，我們沒必要勉強自己跟對方親密地交談。但無論在工作或在私人場合上，總會想在對方心中留下好印象，建立起良好的人際關係。這時候該如何是好呢？

最簡單的方法，就是**在對話過程中稱呼對方的名字**。比方說，你希望對方介紹一家好吃的餐廳，在請教的過程中稱呼對方的名字，比單純提問更有效果。**因為稱呼名字，有增進親近感的作用。**

不過，這也是要拿捏分寸的，太常稱呼對方的名字會有反效果。有一個實驗證明，一對初次見面的男女交談十五分鐘，男性稱呼女性的名字六次以上，事後女性會給予負面的評價。她們認為那樣的男性不誠懇，而且喜歡裝熟。要稱呼對方的名字，**每五分鐘一次就好**。

在恰當時機點頭稱是

另外，**在對話中多多點頭稱是也很重要**。點頭代表著**從眾***、許可、認同之意，這等於是在告訴對方，我們對他的話題很感興趣，也認同他說的話。在適當的時機附和對方，說幾句「有

***從眾**　配合對方的意思。在採取行動時配合旁人或團體的意見、主張、標準、期待。對方的立場愈強，自己的立場愈弱，則愈容易從眾。

道理」、「原來如此」等等，會更有效果。

一邊實踐這套方法，一邊提出各種疑問，**尋找雙方的共通點**，這也是有效的辦法。不管是詢問工作、興趣、出生地都沒關係，假設你們的出生地相同，你可以進一步問對方高中讀哪裡，尋找更多共通的話題。在職場或情場上，想建立親密關係的時候，記得尋找雙方的共通點。**雙方有愈多感同身受的部分，則關係會更加穩固。海德的平衡理論**（詳見⬇左圖）已經證明了這一點。

共通點愈多
感情就愈好

美國心理學家海德發現，自己（P）跟對方（○）在談論與彼此有關的人事物（×）時，會有尋求平衡的傾向，並且歸納出一套理論。

圖中的P點是自己，O點是對方（雙方初次見面），三角形的頂端是看電影的個人興趣（×）。

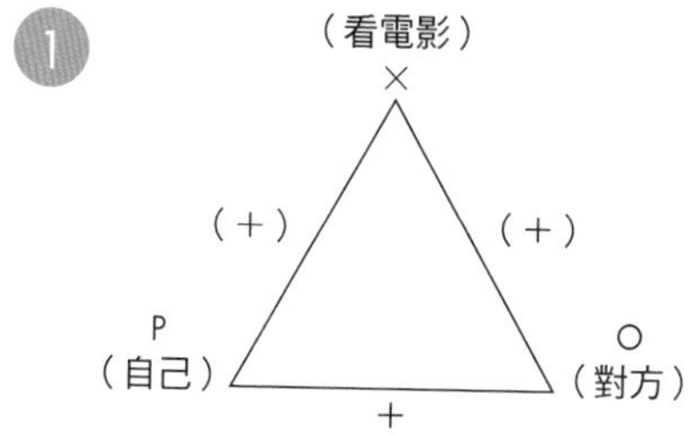

❶假設我們喜歡看電影，則P→×為（＋）。對方也喜歡看電影，則O→×也是（＋）。正正得正，三角形的底邊（雙方的關係）也會為（＋）。

雙方有觀賞電影的共通興趣，能建立良好的人際關係。

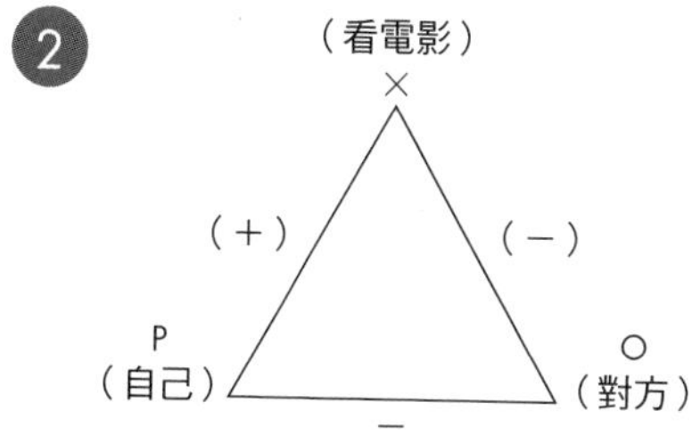

❷對方不喜歡看電影，這時候P→×為（＋），但O→×為（－）。則P⟷O為（－）。正負得負，所以若是談論電影的話題，對方不會感興趣。

趕快改變話題，繼續尋找雙方的共通點。

8 想要與人往來無礙

掌握社交技巧

建立良好人際關係的技巧

如果各位不擅長建立人際關係，而且為此煩惱的話，不妨學習一下**社交技巧**。社交技巧是一種與人往來的**社會能力**，也是建立和維持良好人際關係的知識。掌握社交技巧的鍛鍊方法，又稱為**社交技巧訓練**。

社交技巧訓練是加州大學教授**李伯曼**，為了治療**發展障礙**＊和**思覺失調症**患者所發展出的一套方法。在日本也有廣泛的應用，主要幫助**繭居族**或**啃老族**（沒有就學或工作，也沒有求職的人）回歸社會。

內容大致分為四種。第一是**理解他人**，藉由對方的語言、表情、動作，來理解對方要表達的主張或思維。

第二是**自我表現**，也就是讓對方瞭解自己的主張、想法、感受。

第三是**感情調整**，控制自己的喜怒哀樂，不受感情左右。

第四是**團體參與**，學習在團隊中分工打掃，跟大家一起共享話題，練習委託或下達指示的方法。性格外向的人基本上與人往來無礙，但對於內向或怕生的人來說，這有一定的難度。

＊**發展障礙**　嬰幼兒時期呈現的發展遲緩現象，發展障礙有自閉症、學習障礙（LD）、注意力不足過動症（ADHD）等等。

每個人都學得會的技術

社交技巧是一種純粹的技術，每個人都學得會，只是快慢有別罷了。首先，請先學習**察言觀色**的技巧，不必非常高明也沒關係。**養成一個想像的習慣，揣摩自己的言行會帶給別人什麼樣的感受**。然後在說話時，敦促自己「**正確而緩慢地**」表達。做到這一步，你的社交技巧就有一定的水準了。

社交技巧訓練的主要內容

社交技巧是一種純粹的技術，透過訓練，一定學得起來。

理解他人

瞭解對方的思維和感受。

- 從對方的表情、語言、動作，判斷其想法和感受
- 瞭解對方的立場和身分……等等

自我表現

學習如何表現自己的心情和想法。

- 表情、說話方式、打招呼
- 感謝和道歉的心意
- 要求／拒絕
- 肢體動作這一類的非語言溝通技巧……等等

感情調整

學習如何控制喜怒哀樂。

- 喜悅
- 憤怒
- 悲傷
- 快樂
- 悔恨……等等

團體參與

學習如何掌握彼此的距離。

- 用餐或打掃
- 整理環境
- 工作的完成
- 守時
- 共同話題……等等

9 發出聲音大笑的人較受歡迎

喜悅是誠摯聆聽的證明

大笑可以表現感同身受的情緒

假設別人說了很好笑的事情（或是他覺得好笑的事情），你會發出聲音大笑，還是微微一笑而已？巴西心理學家**莎拉**與**奧塔**曾經研究，發出聲音大笑和微笑，到底哪一種給人的印象比較好。實驗結果證明，發出聲音大笑給人的印象確實比較好。**「歡笑」的反應愈大，愈容易表現出你的感同身受**。

當我們說出自己覺得好笑的事情時，如果對方也願意笑，我們就會感到高興。**大聲歡笑代表你確實接收到對方的心意了**。

用明確的反應防止誤會發生

相對地，**微笑**是一種不上不下的表現方式，很容易產生誤會。外國人常說日本人的笑容很莫名其妙，都不知道到底在笑什麼，其實日本人之間也不曉得該怎麼解釋對方的笑容。考慮到對方的表情和聲音，還有當下的情況，採取明確的反應，比較不會讓旁人誤解。

當一個人希望增強跟特定對象的聯繫需求，就會凝視對方，或是露出笑容，跟對方攀談，這又稱為**依戀行為**＊，代表有意增進彼此的親密關係。英國的兒童精神分析學家兼心理學家**鮑**

＊**依戀行為**　獲得和維持親密性的行為，嬰兒出生六個月後，會對照顧自己的人產生依戀行為。

比曾說：「人們歡笑是為了留住對方的心」。笑容是一種代表性的依戀行為，**能讓對方產生興趣**。

當然，如果對方是一個生性嚴謹，而且溝通又力求精確無誤的人，那麼你就算有心展現笑容，可能也笑不出來。要是對方的話題不好笑，不如你自己主動提供笑料吧！在不至於太過**卑微**（詳見⬇第八七頁）的範圍內，找個機會說說自己的失敗經驗，緩和現場的氣氛，有助於散播歡笑。

鮑比的依戀行為論

嬰幼兒時期的舉動，就是最典型的依戀行為。鮑比認為小孩子哭泣或發出聲音，就是要尋求大人保護的依戀行為。

對他人表現依戀的方式

① 接近對方，觸摸對方身體

② 凝視對方，露出笑容，跟對方攀談

③ 尋求對方認同

其中，用笑容表示依戀是最簡單易懂的方法。

10 沒來由地討厭一個人

不願意去思考討厭對方的原因!?

我們也有對方身上的缺點

各位是否有一些不太喜歡的人?或是本能上無法接受的對象?照理說,喜歡或討厭一個人是有原因的,但沒來由地討厭對方,意味著你**不願去思考討厭對方的原因**。

不願思考的原因通常有兩個。第一,**我們身上也有著跟對方一樣的缺點**。如果在思考對方討厭的部分時,發現自己也有類似的缺點,那就等於要面對自己的問題。因此,多數人寧可毫無理由地討厭對方,也不願意繼續深入思考。

第二,**對方擁有我們所沒有的優點**,可能是難以企及的外貌或能力,因而引發**嫉妒**＊心理。其實仔細想想就會發現,這是自己心胸狹窄所致,所以才會沒來由地討厭對方。

贊成自己可以接受的意見或主張

不過,萬一碰到不得不合作的情況下,還是應該努力打好關係。話雖如此,我們也很難一下子就喜歡上討厭的對象,先試著支持一些可以接受的意見或主張吧!就算是討厭的對象提出的意見或主張,也總有一些可以接受的部分。

一般來說,**人們會對意見相同的對象抱有好感**,這可以用**好意的回報性**(詳見⬇第一四一

＊**嫉妒**　痛恨或討厭比自己更優秀的對象。而在情場上,自己喜歡的對象心向著他人,就會產生這種不愉快的情緒。

頁）這種心理學的法則來說明。美國心理學家**班恩**和**尼爾森**的實驗證明，在教育、社福、人種議題、文學上的**意見一致，會增加彼此的好感度**。

請不要情緒性地排斥對方，試著勸自己「不因人廢言」吧！久而久之，對方看待你的方式也會有所改變，說不定彼此的關係能更進一步。

班恩和尼爾森的意見雷同與好意的相關實驗

實驗方法　找來 A 學生參與實驗，在學期剛開始發下一份問卷，調查他對教育、社福、人種議題、文學等主題的看法。

到了實驗當天，讓 A 學生看其他學生的問卷，評論其他學生的智力、教養、道德性。

其他學生的問卷跟A學生的問卷，答案的一致性是有經過調整的。總共準備了四題、八題、十六題的問卷，一致性分別設定為100%、67%、50%、33%。

結果　實驗證明一致性愈高愈有好感，人們會喜歡意見相同的對象。

而且，八題全部一致，又比十六題中有八題一致，更有好感。

顯然，不一樣的意見愈多，好感度就愈低。

11 動不動就跟討厭的人對立

稱讚對方的魅力或優點來改善關係

總是要分個高下才甘心

各位跟討厭的對象說話，是否會克制不住自己的情緒而跟對方起爭執，搞到自己心情很不好？其實討厭對方，也未必就要跟對方吵架。然而，人心難免有一些偏頗的缺陷，容易跟討厭的對象互相對立。

人在溝通的時候，會思考對方的語言背後有什麼樣的涵義。這種判讀對方心理的行為，稱為**讀心**。

跟討厭的對象說話時，我們很容易研判「對方的話語帶有惡意」。這樣的狀態持續下去就會產生對立，不想辦法解決會嚴重惡化。一旦進展到**肆意批判彼此的狀態（相互指責）**，就再也聽不進對方的話了。雙方發展到經常意見對立的狀態，就只剩下逞能爭勝的溝通方式了，絕對不可能互相妥協。這又稱為**負面溝通**＊。

祝賀對方成功

為了避免落入這樣的惡性循環，請多多採取**正面溝通**的方式，展現出互相讓步的姿態。我們很難一下就喜歡上討厭的對象，但稱讚對方的魅力或優點，或在對方成功時獻上一句祝賀也好，哪怕不是誠心的都沒關係。

＊**負面溝通**　彼此對立，互相指責的不合作溝通方式。反之，願意合作妥協，就是所謂的正面溝通。

被一個長期對立的人稱讚，對方一開始會感到訝異，甚至提高警覺。但久而久之，對方也會感受到你的善意，提供**化干戈為玉帛**的機會。這時候不妨利用**自我揭露**（詳見⬇第五八頁）一口氣拉近關係吧！

負面溝通的心理狀態

負面溝通究竟是一種什麼樣的心理狀態？我們就拿正面溝通來比較一下。

心理狀態的比較

	正面溝通	負面溝通
彼此的態度	相信對方懷抱善意	懷疑對方帶有惡意
意見交換	認同彼此的意見	互相挑釁對方
意見差異	透過討論尋找妥協之道	不肯妥協，非要駁倒對方
聽到對方言詞的反應	設法找出對方言詞中的善意，尋求解決之道	找出對方言詞中的惡意，故意吹毛求疵

12

獲得青睞的訣竅①

拜託對方一點事情

主動拜託比被動幫忙來得好

人會喜歡上自己幫助過的對象？

如果你有想要結交的對象，不妨試著拜託對方一些小事吧！

這是經過心理學驗證的方法，美國心理學家**傑卡**和**蘭迪**透過實驗證明，**當我們幫助對方以後，會喜歡上對方**。

實驗的方式如下，參與實驗的人正確回答問題後，分別可以獲得六十美分或三美元。在實驗對象要回去的時候，跟他們表明實驗室的研究資金快要用完，只剩下儲備金了，希望他們能歸還一部分金錢。這時候分成三個對照組，①是實驗負責人親口拜託，②是辦事人員代為拜託，③是不要求對方還錢。

之後，再讓實驗對象填寫問卷抒發感想。由負責人親口拜託還錢的這一組，他們對負責人的好感度特別高。而且，不管是拿到六十美分或三美元的人，還的錢愈多就愈有好感。這代表**人們答應對方的請求，會對求助的對象抱有好感**。

討厭不安定的狀態

為什麼會產生這樣的結果呢？人們發現自己的行為有所矛盾時（**認知失調***），就會試圖在

***認知失調**　美國心理學家利昂·費斯廷格的學說，意思是自己內在產生矛盾，或是感受到矛盾時所衍生的不愉快心情。

心中消除矛盾。在這個實驗中，實驗者「想要接受對方的要求，卻又不希望還錢」，為了解除這個不安定的心理狀態，他們就告訴自己「我之所以還錢，是因為喜歡對方的關係」。

一般人不太願意麻煩自己心儀的對象做事情，但鼓起勇氣實行，或許有機會開闢出正面的關係。不過，拜託的事情太麻煩的話，被拒絕的機會就愈高。最好拜託一些比較簡單，但又會有點抗拒感的事情。

心中的矛盾會產生好感

當我們接受某個人的請求，在心理上就會對那個人抱有好感，主要原因是心理作用會試著消除矛盾的關係。

消除不協調的心理作用

1 得知自己不感興趣的對象有困難，於是提供協助。

自己的思維
自己的行動
矛盾
沒興趣
接受請求

2 幫助了一個不感興趣的人，自己的思維產生了矛盾，並開始尋思理由。人為了消除矛盾，會改變自己的想法或行動。

為什麼我要幫助他？
沒有人會去幫討厭的對象嘛！

3 認為自己喜歡對方，藉此消除不協調的感覺。

自己的思維
自己的行動
協調
我喜歡她才會幫她

13 獲得青睞的訣竅②多多稱讚

稱讚會得到善意的回應

稱讚是社會性報償

如果各位有感興趣的對象，而且希望獲得對方的青睞，那麼關鍵就是**稱讚**對方了。人們會喜歡上對自己有好感，或是給予自己高度評價的人，這跟**好意的回報性**有關（詳見⬇第一四一頁）。

人都想滿足自己的**自尊心**，所以自己的意見獲得認同、或是提議獲得支持、或是行動獲得讚賞，就會擁有極高的滿足感。人際關係帶來的滿足感、讚賞、共鳴，這又稱為**社會性報償**。所謂的報償，不是指金錢，而是認同、矚目、尊敬的情感。**獲得社會性報償的人，會依照好意的回報性，提供對方社會性報償。**

透過共同的好友表示讚賞

不過，這種方法對於自我厭惡的人，還有自我評價不高的人沒什麼作用。有些人獲得稱讚會認為那是對方的好意，也有人認為那是客套話，心裡還會很不高興。

遇到這樣的人，不妨透過朋友表示讚賞，這種**轉述法***很有效。

比方說，你從同事口中得知，上司對你的工作成果很滿意。那麼就算你跟上司之前毫無交

***轉述法**　透過第三者傳遞訊息，而非直接跟對方溝通。有時候，間接轉述會有很大的效果。

集，也會開始對上司抱有好感。為什麼這種方式有效呢？**因為透過第三者得知消息，比從本人口中聽到更可信。**

自我評價不高的人，透過第三者得知你的讚賞，也不會認為那是客套話。善用傳達技巧表示你的讚賞，好意的回報性就會發揮作用，帶給你意想不到的善意。

透過第三者表達讚賞也很有效

有些人被稱讚，只會覺得那是客套話，甚至還會感到不愉快。對這種人使用「轉述法」，相當有效。

直接稱讚自我評價不高的人

對方感受不到你的好意，甚至還會認為你是在說客套話，心生不悅。

透過朋友間接稱讚對方

透過第三者間接轉述，比較值得信賴，這樣做可以提升你的評價，順利的話還能獲得對方的善意。

稱讚別人不能一套方法用到底，重點是要摸清對方的性格。

14 獲得青睞的訣竅③ 反覆碰面

多見幾次面就會產生親密感

見面次數與好感度成正比

各位是否曾經透過親朋好友介紹，認識了某個人，可惜關係一直沒有進展，最後就再也沒有來往了？

相對地，有些人我們第一次見面沒有太深刻的印象，但多見幾次以後發現對方的魅力，反而培養出親近的關係。

這兩者的差異究竟在哪裡呢？簡單地說，就是見面的次數多寡。**我們對愈常碰面的對象愈有好感**，這又稱為**單純曝光效應**（詳見⬇第二二〇頁）。

美國社會心理學家**扎榮茨***，曾經做過左頁介紹的實驗來證明此一原理。他從大學畢業紀念冊中抽出十張照片給學生看，調查學生對那十張照片的好感度。具體方法是把學生分成五個組別，每組觀看兩張照片，次數分別是一次、兩次、五次、十次、二十五次。

結果發現，觀看照片的次數愈多，學生對照片中的人物愈有好感，跟照片人物的美醜幾乎沒有任何關係，也證明了單純曝光效應的原理。

如果你想跟特定對象打好關係，應該積極安排跟對方見面的機會。見面次數愈多，彼此的關係會愈親密，很多日本人**在職場上找到結婚**

＊**扎榮茨**　全名羅伯特・扎榮茨，美國心理學家。曾經提倡「扎榮茨效應」（亦即單純曝光效應，詳見➡第二二〇頁）——雙方見面的次數愈多，愈容易產生好感。

對反覆觀看的東西抱有好感

美國心理學家扎榮茨曾做過實驗，想印證單純曝光效應是否也適用於物體上。

實驗方法 安排兩組沒有意義的字母（例如：hyj 和 bpu），一組只讓實驗對象看一次（hyj），另一組讓實驗對象看十次（bpu），比較兩邊的好感度。

結果 同樣是沒意義的字母，實驗對象更喜歡觀看次數較多的那一組（bpu）。這代表人們會對反覆觀看的東西抱有好感。

「我比較喜歡bpu。」

對象，也可以用這個原理來說明。每天碰面就會日久生情，並且互相吸引。

太常接觸，可能會有反效果

心理學家**費斯廷格**等人也透過實驗證明，除了接觸的次數以外，興趣是否相近也是影響人際關係的一大要素。

不過，也不是每個人見面次數愈多，就一定會有好感。單純曝光效應**只適用於對方稍微對你有好感，或是對你既不喜歡也不討厭的情況下**。實驗結果證明，萬一你在對方心目中的印象不好，愈常碰面，關係反而會愈糟。

各位有興趣實踐單純曝光效應的話，請至少找一個不討厭你的對象。

15 如何減輕人際關係的煩惱？

傾聽旁人的意見

煩惱不該置之不理

各位若有職場關係不順，或情場失利的煩惱，其實原因多半出在**溝通方式**上。

溝通方式出了問題，只要多多聆聽親朋好友的意見，通常都有機會解決。那麼，具體來說該怎麼做比較好呢？

研究溝通的學者**保羅．史托茲**＊曾經提倡**LEAD法**（詳見⬇左頁圖表），用以解決溝通造成的問題。LEAD法有四個步驟，分別是「傾聽」（Listen）、「探索」（Explore）、「分析」（Analyze）、「行動」（Do）。

第一步就是聆聽，代表聆聽旁人意見是最應該重視的步驟。

提問內容要具體

向別人尋求建議的時候，記得要提出具體的疑問。太過籠統的疑問，對方也不曉得該怎麼回答。**最好明確點出一個主題，請對方直言不諱**。例如，你參加聯誼總是沒有好結果，請對方告訴你為什麼會這樣。

如果你很害怕被別人點出缺失，也有一個自行檢討的辦法。參加聯誼時，先徵求與會者的同意，**錄下自己的對話，事後再拿出來聆聽**。

＊**保羅．史托茲**　組織溝通行為的研究者，從事顧問活動，主題多為領導力或逆境克服法。

事後聆聽自己的說話內容，可以發現自己講話的一些習慣。要是你發現自己講話的缺點，好比一直在自說自話、話語中充滿怨言、喜歡冷嘲熱諷、管不住自己嘴巴等等，那就有必要進行修正。

重點是把人際關係的煩惱，當成一個重要「問題」來處理。弄清楚自己有什麼不足或需要改進的地方，設法努力解決，就有機會化解人際關係的煩惱。

利用 LEAD 法減輕人際關係的煩惱

LEAD 法是四個字母的字首組成的，分別是「傾聽」（Listen）、「探索」（Explore）、「分析」（Analyze）、「行動」（Do）。

STEP 1

Listen＝傾聽

客觀認清問題，收集相關資訊。

「為什麼我參加聯誼總是沒有好結果？」

STEP 2

Explore＝探索

歸納STEP 1發現的問題或課題。

「外表太不起眼？還是沒辦法喝酒的關係？」

STEP 3

Analyze＝分析

分析問題，尋求解決之道。

「跟其他女孩相比，自己的態度太冷淡。」

STEP 4

Do＝行動

實踐自己該採取的行動，解決煩惱。

「今後說話要保持笑容！」

這個方法的關鍵在於「聆聽」，冷靜接受對方的建言，逐步改善問題的話，溝通能力一定會有所提升。

瞭解周圍的人是否挺你

假設你們三個同事一起留下加班，你會選擇哪一種工作方式？

A

所有文件放在大辦公桌上，大伙一起喝咖啡，氣氛融洽地處理工作。

B

把工作分成三份，在各自的辦公桌完成工作，結束後大家一起喝咖啡。

診斷結果

從這個選項當中，可以看出周圍的人是否挺你。

選擇A的人

你想偷吃步，減輕自己的工作負擔。一般人都以為「大家合力工作比較快」，但這種做法通常是認真的人吃虧，或許你認為這是一個好辦法，但別人可能不這樣想。

選擇B的人

你希望大家完成份內之事，盡快處理好所有工作。乍看之下是很利己又冷漠的思維，實際上這樣做比較有效率，工作也能盡快完成。工作結束後，大家一起聊天喝咖啡，也不會傷害同事間的人際關係。

第 5 章

自我控制的心理學

1 對某些事物有依賴性

對特定的行為、對象、刺激有依賴性

明知有害卻戒不掉

喜歡賭博的人不在少數，也有人沉迷線上遊戲到了廢寢忘食的地步，還有人克制不住血拼欲望，等看到帳單才臉色發青。你或你的親朋好友之中，可能會有這樣的狀況吧！

如果將賭博、電玩、購物當成消遣還沒什麼問題，但太過沉迷或搞到自己債台高築，就有過度**依賴**的嫌疑了。

另外，對日常生活尚未造成影響的，屬於單純的依賴。已經對日常生活造成影響的，則屬於「上癮的程度」。

在初期階段就要妥善處理

依賴又稱為**成癮**（Addiction），指非常需要特定行為、對象、刺激的精神狀態。這種依賴主要分為三大類。第一類是過度依賴藥物、酒精、香菸、食物的**物質成癮**，第二類是過度依賴賭博、電玩、上網、性愛的**行動成癮**（編注：又稱行為成癮），第三類是過度依賴特定對象的**人際關係成癮***。任何人事物都有可能是依賴的對象，例如**母親情結**（詳見⬇第二〇六頁），就是一種以母親為對象的人際關係成癮。至於鹹豬手或偷窺這一類的行為，則屬於行動成癮。

＊**人際關係成癮**　過度依賴特定人物，而非物質或行為。例如非常依賴特定的人物，親密到病態的地步，甘於成為支配和服從的關係。

依賴還有分不停攝取藥物或興奮劑的**藥物依賴**，以及整天酗酒的**酒精依賴**（詳見⬇第一六八頁）。這些問題置之不理的話，有可能毀掉當事人的生活或人生。初期階段在家人的幫助之下，有可能戒掉那些依賴的對象，重新擁有健康的生活。

然而，惡化到成癮症狀的人，沒有專家或專業機構輔導，很難擺脫依賴。最好在早期階段發現自己有依賴問題時，及早進行適當的處置才是關鍵。

依賴（成癮）的種類

依賴（成癮）大體分為對物質的依賴、對行為的依賴、對人際關係的依賴三種。

物質成癮

- 香菸（尼古丁）
- 酒精
- 興奮劑
- 大麻
- 古柯鹼
- 迷幻藥
- 鎮定劑
- 安眠藥
- 抗焦慮劑
- 食物
- 咖啡（咖啡因）……等等

行動成癮

- 賭博（賭馬、自行車競賽、競艇、柏青哥）
- 購物
- 工作
- 性愛
- 異常性愛（SM等等）
- 電玩
- 上網
- 尋找自我
- 朝聖之旅
- 追星
- 宗教……等等

人際關係成癮

- 戀人
- 母親
- 父親……等等

2 腦袋一直想著工作

靠工作填補心靈空虛的工作狂

整天都在想工作的事

各位沒在工作或放假的時候，是不是有一種靜不下來的感覺？平時經常留下來加班，假日也積極地跑到公司工作，這種態度乍看之下沒有任何問題，但連放假都要工作才能安心的人，極有可能是**工作狂**。

所謂的工作狂，就是除了睡覺以外，都在**想著工作上的事**。變成工作狂的原因不一而足，有人是對工作抱有莫大的不安，所以才被迫集中心力在工作上。也有人是責任感太強，試圖達成很困難的目標。還有人是用工作來滿足自尊心，對工作本身感到愉悅。

工作狂會喪失工作以外的喜悅，不管跟家人或戀人相處，還是從事個人興趣或運動，都再也感受不到快樂。依賴的初期症狀，是太過沉迷於某件事物而無法自拔。工作狂則是身心自由都被工作剝奪的「**工作依賴**」。

疲勞與壓力不斷累積

如果你覺得自己是工作狂，或是快要變成工作狂，請盡快想辦法處理。

首先，請從長遠的角度看待自己的人生。你必須知道，要保護自己的健康和人生，就得改變這種瘋狂工作的生活方式。工作狂會累積龐大的壓力和疲勞，脾氣也會變得比較暴躁，給旁人或親朋好友添麻煩，萬一病倒還會對日常生活造成影響。結果很有可能引發**過勞死**＊或其他嚴重的情況發生。

其次，**多方拓展工作以外的人際關係**。參加一些與眾人同樂的興趣、運動、才藝團體，或是加入義工團體也不錯。養寵物也是很棒的選擇，把感情投注在寵物身上，就會開始對工作以外的事物感興趣了。

容易變成工作狂的人

過勞死幾乎形成一種社會問題，工作狂的下場很有可能是過勞死。請確認一下，自己是不是容易變成工作狂的類型。

Type1 非常顧慮他人的類型

一個人提早下班，或是放帶薪假會有罪惡感。

大家都在加班，我不能自己一個人先走
我放假會給大家添麻煩

Type2 責任感太強的類型

承擔太多的責任，認為凡事都要自己來才行，萬一失敗也會有自責的傾向。

無論如何一定要趕上期限才行
這件事只能我來處理了

Type3 認真嚴肅的類型

不懂得拒絕旁人的請託，害怕拒絕後會破壞人際關係。另外，有太過完美主義的傾向，工作一定要做到自己滿意為止。

人家拜託我的，一定要做好才行
我要做到完美無缺的地步

＊**過勞死**　這是指過度勞動引發腦血管疾病，或是缺血性心臟病等疾病，最後導致死亡。過勞死在歐美被當成日本社會特有的現象，所以稱之為「KAROSHI」（編注：日文的過勞死讀音）。

3 不喝酒就受不了

每天喝酒的人多半都有酒精依賴!?

成癮而不自知

各位一星期會喝幾次酒？一天不喝就渾身不對勁的人，屬於**酒精依賴**的程度。如果喝到跟家人發生爭執，或是經常請假不去上班，影響到日常生活的情況下，就有可能步入**酒精成癮**的階段了。

酒精成癮跟賭博成癮（詳見⬇第一七八頁）一樣，都是廣為人知的成癮症狀。根據日本厚生勞動省的調查（二〇〇三年資料），日本全國酒精成癮的患者約有八十萬，即將成癮的人則多達八百六十萬，這是指大量飲酒的人，每天飲用日本酒超過五百四十毫升。

酒精成癮最大的問題是，**當事人不知道自己已經上癮了**。沒有自覺還拚命喝酒，對身心都會造成傷害，連帶影響到工作表現，再也無法擁有正常的家庭生活。倘若戒酒後發生**戒斷症狀***，則有必要接受專業醫療機構的治療。

在初期階段制止狀況惡化

想知道自己有沒有依賴酒精，有一個簡單的測試法可用，叫**CAGE**提問表。**四項提問當中，只要符合其中一項就是酒精依賴，符合兩項以上極有可能是酒精成癮**。

＊**戒斷症狀**　長期攝取酒精或藥物以後，中斷攝取時所產生的症狀。

關鍵是在初期階段制止狀況惡化，主要方法有以下三種。第一，從事運動或多陪伴家人，盡量不要借助酒精消除壓力或不安。第二，每週設定兩天休肝日（不喝酒，讓肝臟休息）。第三，不喝解醉酒（抑制宿醉不適所喝的酒）。

沒必要一次全部實踐，可以先從設定休肝日做起。能做到這一步就是很大的進步了，控制飲酒，指日可待。

CAGE 提問

CAGE 可以確認你是否依賴酒精。問題雖然簡單，精確度卻非常高，有八成的成癮患者都可以用這一套方法分辨出來。

提問 1
你是否曾經想過，自己必須少喝一點酒？

提問 2
喝酒被罵，你是否感到火大焦躁？

提問 3
喝酒是否讓你有愧疚感或罪惡感？

提問 4
你有沒有一大早就開始喝酒，或是喝解醉酒？

四項提問當中，只要符合其中一項，就是酒精依賴；符合兩項以上，極有可能是酒精成癮。

4 買東西不懂得量力而為

不惜負債也要購物的購物成癮

「購買」才是目的

各位是否曾在領到薪水後，一時克制不住自己的購物欲望，不小心買了太多的東西？的確，購物行為本身有消除壓力、轉換心情的作用。然而，如果你硬要住自己住不起的房子、或是瘋狂購買名牌精品、或是每個月刷爆信用卡，那麼你可能有**購物成癮**的問題。

有購物成癮的人會喪失理智和計畫性，無法停止購物。這是一種喜歡特定行為的**行動成癮**症狀，他們不是喜歡物品本身才購買，而是對「購買」這個行為產生依賴性。所以，買到商品也無法消除欲望。

這跟單純的**浪費或散財***不同，成癮的人無法控制自己的欲望，**就算超出自己的支付能力也一樣要買**。有些人不惜借錢購物，甚至用犯罪手法獲取金錢來作為購物的資金。

容易併發其他成癮症狀

由於購物不懂得量力而為，財力遲早無以為繼，生活一定會出問題。通常這種人都有高額的負債，需要律師重新整合他們的生活，幫忙聲請破產、債務整理與更生等等。

有嚴重購物成癮的人，知道自己買東西是

＊**浪費或散財**　浪費是指隨意花費時間或金錢，散財則是把錢花在沒意義的事物或奢侈品上。總之，這兩種行為都可能是依賴性的徵兆。

一件壞事，在購物時有強烈的罪惡感，**通常會併發憂鬱症、藥物成癮、酒精成癮**（詳見⬇第一六八頁）**等其他疾病**。

防止購物成癮的方法有以下幾點。第一，平日就要處理那些可能導致成癮症狀的不安或壓力。第二，親朋好友必須提供支援，一旦發現當事者有問題，就要勸他及早接受專業醫生的治療。

陷入購物成癮的模式

購物跟狩獵一樣，都有一股令人雀躍的心情。購物成癮的人會不斷買東西，尋求新的刺激和滿足感。

1. 壓力或不安轉強，於是用購物來逃避問題。
2. 買東西可以獲得一時的興奮和滿足。

3. 壓力和不安並沒有消失，只好再次購物來消除壓力和不安。
4. 財力無以為繼，購物成癮一事被眾人知道。

5. 無力還款，金額大到可能要聲請破產。

5 太在意手機訊息，無法靜下心來

離不開手機的訊息成癮症

沒有立即收到回覆，就會感到不安

各位是否很在意朋友或戀人傳的訊息，動不動就確認自己的智慧型手機？如果你在工作或跟其他人交談時，也忙著確認手機的畫面，那你可能有**訊息依賴**的症狀了。

時常確認手機訊息的人，發出訊息後如果沒有馬上收到回覆，就會感到非常不安，整天都盯著手機畫面猛瞧。而且接收和傳送的訊息數量極大，一天會傳上幾十、幾百通訊息。

有些人使用網路社群服務（SNS）或部落格，也非常在意更新紀錄。他們很喜歡在新的文章留言回應，因此會不斷確認更新。

興奮感會提升成癮性

訊息依賴算是一種**人際關係成癮**（詳見⬇第一六四頁）的症狀，如果一個人只顧著傳訊息或確認簡訊，對工作或生活造成影響，那就有可能惡化到成癮的階段了。

對訊息的依賴可以用**部分強化效應**（詳見⬇第一七六頁）來說明。假設每次做一件事情都有回報（**強化物***）則稱為**全面強化**，若不見得每一次都有回報，則稱為部分強化。全面強化容易產生習慣性，當事人會漸漸對強化物失去

＊**強化物**　不管是全面強化或部分強化，誘發行為的報酬就稱為強化物。以訊息依賴來說，訊息或留言就是一種強化物。

興趣。相對地，部分強化不會有習慣性，回覆或留言不見得每一次都有，**這種不知何時有回報的興奮感會持續下去，增加依賴性**。

用**馬斯洛的需求層次理論**（詳見⬇左圖）來說明訊息依賴，那是一種**愛與歸屬需求**，希望找到接納自己的同伴或團體；同時也屬於**尊重需求**，想要獲得尊敬和認同。倘若簡訊或網路社群交流影響到日常生活，請認清自己的問題，多參加地方上的活動或社團，在現實生活中滿足這兩大需求吧！

馬斯洛的需求層次理論

美國心理學家馬斯洛，把人類的需求分為五大階段。過度在意別人的訊息，這種訊息依賴症狀可能是「愛與歸屬需求」、「尊重需求」得不到滿足的關係。

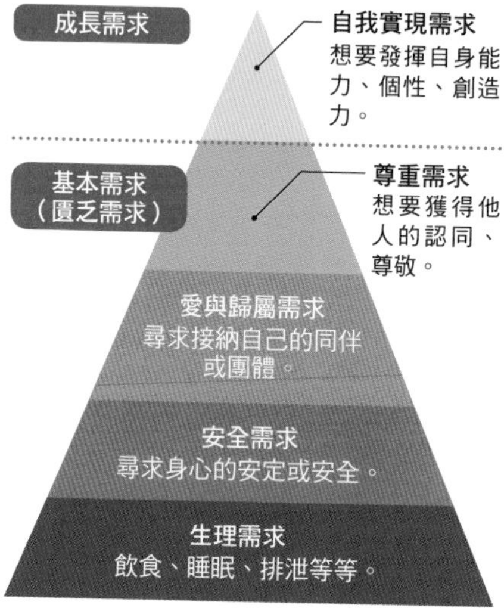
成長需求
自我實現需求
想要發揮自身能力、個性、創造力。
基本需求（匱乏需求）
尊重需求
想要獲得他人的認同、尊敬。
愛與歸屬需求
尋求接納自己的同伴或團體。
安全需求
尋求身心的安定或安全。
生理需求
飲食、睡眠、排泄等等。

如何擺脫訊息依賴？

根據馬斯洛的說法，愛與歸屬需求只要滿足五成，尊重需求只要滿足四成，就可以轉換到更高層次的需求（自我實現需求）。鼓起勇氣去尋找接納自己的伙伴或團體，就有機會擺脫訊息依賴了。

6 沉迷於線上遊戲

現代人容易遊戲成癮

程度嚴重者，將難以回歸社會

各位是否曾經沉迷於**線上遊戲**＊，放假的時候一整天都在打電動，甚至熬夜打完以後直接去公司上班？如果程度惡化到犧牲工作和日常生活，那就有**遊戲成癮**的可能性了。

遊戲成癮的人整天都在玩遊戲，到了廢寢忘食的地步，這種成癮症狀在世界各國都造成了社會問題。韓國有年輕人在網咖連續玩五十個小時，最後玩到猝死。

有一些人沒有那麼極端，但也玩到難以回歸社會（俗稱**網遊廢人**＊），而且這種人有愈來愈多的趨勢。許多**啃老族**或**繭居族**，也有網路成癮或線上遊戲成癮。

網路的危險魅力

網路遊戲有兩個容易沉迷的魅力。第一是**遊戲本身的娛樂性**，例如網友間可以互相交換攻略資訊，享受打倒敵人的成就感。第二是參加多人遊戲，跟大家一起同心協力過關，**可獲得友情**、**連帶感**、**團隊歸屬感**。就算自己沒有參與任務，一想到伙伴在其他地方奮鬥，就沒辦法放棄遊戲。

到了重度成癮的階段，則需要專業機構的支

＊**線上遊戲**　利用網路進行的電腦遊戲，容易產生人際關係成癮＋購物依賴＋賭博依賴等複合式的成癮症狀。

援，例如尋求精神科醫師的治療，參加成癮症患者組成的互助會等等。若是在依賴的階段，要靠自己擺脫並不困難。而玩到廢寢忘食，則已經亮黃燈了。至於玩到借錢負債、跟家人發生爭執，就是紅燈了。**請規定自己每天上網玩遊戲的時間，順便找家人督促自己。或是乾脆一點，讓自己的生活環境再也沒有網路。**

擺脫遊戲依賴或成癮的程序

從重度的依賴惡化到成癮，很難靠自己的意志擺脫困境。這時候需要專業機構的力量，或是請其他人介入，斷絕當事人與遊戲的連繫。

STEP 1 當事人必須知道，這種事很難靠意志力擺脫，這跟意志力強弱無關。

STEP 2 判斷自己是依賴，還是成癮。

成癮的情況

尋求醫院、醫生、互助組織等專家或專業機構的協助。

STEP 3 讓身體恢復

讓缺乏睡眠和飲食的身體恢復。

STEP 4 讓大腦恢復

排除一切的妄想或堅持，重新掌握理性思考的判斷力。

STEP 5 讓心靈恢復

在工作和生活中找到滿足和成就感，而非貪戀膚淺的娛樂。

STEP 6 讓人際關係恢復

跟生疏的對象重新交流，找回旁人對你的信賴。

依賴的情況

STEP 3 一旦發現徵兆，趕快設法處理

嘗試其他興趣，拓展交友圈。

STEP 4 尋求旁人協助

切斷網路，讓自己沒辦法玩遊戲。

＊**網遊廢人**　沉迷網路遊戲（簡稱網遊）無法自拔，對現實生活造成影響的人。例如不去工作、不肯上學、還有繭居族等等。

7 沉迷於柏青哥或賭博

獲得報酬的快感會提高依賴性

可怕的部分強化作用

各位是否戒不掉賭博，或是有愈賭愈大的煩惱？無法停止柏青哥、賭馬、自行車競賽、競艇等各種賭博行為的人，可能會惡化到**賭博成癮**的地步。

每個人沉迷於賭博的原因各不相同，但多半都是人際關係不順，工作充滿壓力不安，所以才想靠賭博來暫時忘掉煩惱。

賭博很容易從生活中的一些消遣開始，而且一旦嘗試後便難以自拔。例如，一開始打柏青哥可能只是想轉換心情或殺時間，但漸漸地愈玩愈大，到後來每天都要去打柏青哥。偶爾贏了大錢，會得到極大的快感，這就是提高依賴性的**部分強化***作用。久而久之，沒打柏青哥就會感到焦躁不耐、坐立難安。連上班時間都偷偷去打柏青哥，這就是成癮症狀了。

賭博成癮最大的問題是，**這種行為會牽涉到巨額的金錢**。要是沒超出收入的範圍，那還比較沒關係，但情況惡化的人會動用存款，甚至連存款都花光了，再去借錢賭博。如此一來，家計早晚撐不下去，妻離子散的情況都有可能發生。

＊**部分強化**　採取某項行動的時候，會不定時獲得報酬。比起每次都會獲得報酬，部分強化具有強烈的引誘作用。

永不賭博

在失去控制之前，最好徹底遠離賭博。話雖如此，靠自己的意志力很難擺脫賭博依賴。萬一發現自己對賭博有依賴性，請尋求親朋好友的協助，晚上和假日都跟對方一起度過，徹底斷絕賭博行為。

賭博成癮評量表

以下的確認清單，是判斷賭博成癮的基準。十個項目中，符合五項以上，醫生極可能會認定你有賭博成癮的問題，請盡早尋求專家協助。

1 □ 腦袋永遠在想著賭博的事情。

2 □ 為了追求興奮感，花在賭博上的錢愈來愈多。

3 □ 想戒掉賭博，卻怎麼也戒不掉。

4 □ 不賭博的話，就會感到焦躁難耐、坐立不安。

5 □ 用賭博遺忘討厭的感情或問題。

6 □ 賭輸了以後，還想靠賭博連本帶利討回來。

7 □ 試圖隱瞞賭博問題，對自己的家人、醫生、朋友說謊。

8 □ 為了獲得賭資，曾經犯下偽造文書、詐欺、竊盜、盜領、侵吞等不法行為。

9 □ 因為賭博，影響到工作、學業、人際關係。

10 □ 賭博欠下的債務，讓其他人幫忙償還。

依據「精神疾病診斷與統計手冊」（DSM-IV-TR）製成

8 怕變胖而不敢吃

「瘦身願望」導致的厭食症和暴食症

身體無法接受食物

很多人嚮往模特兒的纖細體型，而致力於減肥。如果是靠適度的運動減肥，那還沒什麼問題，最怕的是用限制飲食的方式瘦身。忍著不吃東西，身體會漸漸無法接受食物，有可能導致**厭食症**。

厭食症又稱為**神經性厭食症**，這是一種極端害怕肥胖，幾乎不肯吃東西的狀態，哪怕身體再虛弱，都不願意進食。**厭食症算是相當嚴重的疾病**，有些女性患者體重不到三十公斤，腦部機能下降，月經停止，**最後甚至活活餓死**。

相對地，也有人一心想減肥，卻克制不住自己的欲望，偷偷瞞著家人暴飲暴食。例如一口氣吃掉整盤蛋糕，或是連續吃掉好幾條吐司等等。不過，他們吃完後又害怕變胖，所以會跑去催吐或使用瀉藥。這又稱為「**暴食症**」（**神經性過食症**）。

厭食和暴食，乍看之下是完全相反的行為，但兩者都是源自「想瘦下來」的心情，可以說是一體兩面的問題。厭食症的人容易變成暴食症，**兩者也會互相交替**。在心理學中，這兩者都稱為**飲食障礙***。飲食障礙是一種對食物的依賴，通常患者都有某種壓力或不安。

＊**飲食障礙**　飲食障礙分為厭食症和暴食症兩種。前者幾乎不肯進食，身體變得極端瘦弱；後者暴飲暴食過後，會反覆催吐或濫用瀉藥。

嚴謹的人愈難克制自己

容易罹患飲食障礙的人，性格多半認真嚴謹，他們很在意旁人的評價，對待自己也較為嚴苛，屬於不知變通的類型。尤其，有些人從小一直回應父母過度的期待，性格上變成一個**完美主義者，這種人一旦開始減肥，就會徹底失控。**

於是，減肥從手段轉化為目的，傷害到身心健康可就本末倒置了。減肥請找值得信賴的對象商量，不要自己隨便亂減。

治療飲食障礙的療程

治療飲食障礙，除了要實施正確的飲食方法外，還得改變對飲食的認知。以下就是日本治療飲食障礙的幾大療程。

飲食障礙學習會

罹患飲食障礙的人，對於飲食多半有錯誤的知識。所以要請主治醫生、臨床心理師、護理師等專家輪流上課，讓患者學習正確的飲食、營養、飲食障礙的知識。

職能治療

跟看護人員一起進行各種作業（通常是學習拼布、陶藝、料理等等）。

飲食聚會

由臨床心理師主辦的團體療法。

跟康復患者聚會

找已經康復的人來聚會，有同樣經驗的人互相交流，比較容易瞭解彼此的心情，也能得到具體的有效建議。

跟飲食障礙的互助團體聚會

跟飲食障礙的互助團體成員，一起召開集會。討論何謂正確的飲食生活，以及如何改變個人心態。

家族聚會

跟住院患者的家屬，或是就醫患者的家屬一起聚會。討論如何實踐正確的飲食生活，以及如何改變個人心態。

改編自日本國立療養院久里浜醫院的療程

9 遭受家暴也不敢分手

不能沒有彼此的共生依賴

逃得掉，卻不想逃

各位是否有受到戀人或配偶的暴力對待？配偶或同居戀人之間發生的暴力事件，又稱為**家暴**（Domestic Violence）。

家暴有各式各樣的類型，除了肢體暴力以外，強迫性交、強迫墮胎、語言漫罵、羞辱、不提供生活費、限制行動等等也都算家暴。

受害者明明有逃跑的機會，卻留在加害者身邊不敢逃跑，這是家暴的一大特徵。受害者會牢記過去相愛的記憶，認為自己只要忍耐就行了，或許總有一天能說服對方，不再受到暴力的傷害。另外，有些人逃回老家，加害者承諾再也不會使用暴力，於是受害者又繼續跟加害者一起生活。

然而，不論受害者如何說服對方，加害者仍然無法克制持續施暴，致使受害者產生強烈的無助感。

沒有第三者介入的話，將無法脫身

這種情況最主要的原因，是加害者與受害者之間產生共生依賴。所謂的**共生依賴**，是其中一方徹底依賴對方，而另一方也甘於被依賴，雙方明白彼此的必要性。受害者相信加害者沒

＊**配偶施暴諮詢中心**　保護女性不受男性施暴的公家保護中心，日本各都道府縣都有設置。

有自己就活不下去，同時**沒有加害者的話，受害者也找不到自己的存在理由**。

家暴事件沒有第三者介入的話，受害者很難脫身。萬一遭受暴力傷害，請馬上聯絡警方或前往**配偶施暴諮詢中心***，後者是**家暴防治法***實施後成立的。為了保護家暴受害者，該中心的地址並未公開，請直接詢問內閣府或各都道府縣，或者聯絡官網上的電話號碼，尋求專員的指示（編注：在台灣可撥打113免付費保護專線，二十四小時全年無休，政府社工人員將會及時提供您保護及協助）。

家暴風險評估量表

以下是測試男性家暴危險度的清單，符合項目太多的話，就有施暴的可能。

1 □ 總是要求待在一起。
2 □ 嫉妒心極強。
3 □ 不允許女方和異性朋友交流。
4 □ 頻繁傳簡訊或打電話，不馬上回應就會生氣。
5 □ 總想知道女方的一舉一動。
6 □ 約會內容全由男方決定。
7 □ 硬要女方接受自己對於女性的服裝或髮型喜好。
8 □ 感情起伏大，會突然暴怒。
9 □ 總是尋求身體接觸，例如牽手或挽臂等等。

10 □ 討厭女性表達意見或提出主張。
11 □ 會說女方家人的壞話。
12 □ 把交往對象當成自己的所有物。
13 □ 不喜歡用保險套。
14 □ 一說要分手，就威脅要「自殺」。
15 □ 遇到重要判斷，就交給女方決定。

摘錄自非營利組織．全國女性保護網的「家暴風險評估量表」

＊**家暴防治法**　正式名稱為「防止配偶施暴暨保護受害者相關法律」，日本自二〇〇一年十月十三日實施，目的在於提供家暴諮詢、保護、自立支援等制度上的建立。

10 沉迷於性行為

無法靠理性克制的性愛成癮

無法靠自己抑止

如果各位無法克制性欲，還影響到工作表現和人際關係，那麼就有**性愛依賴**的可能（不過喜歡性愛不等於性愛依賴）。

性愛依賴主要有分兩種，一種是習慣性做出偷窺、伸鹹豬手等犯罪行為，或是具有諸如**戀物癖***這類異常性行為的習慣，強迫伴侶參與也屬於此類。這種情況是依賴異常性行為的**行動成癮**（詳見⬇第一六四頁）。反覆從事這些行為，到了欲罷不能的程度就是成癮症，這種成癮很難靠自己控制，最好尋求專業醫生的協助。

另一種狀況是沉迷性行為，無心處理其他事情，對象不分同性或異性。跟許多不同對象上床的類型，是依賴性愛活動的行動成癮；至於跟外遇對象等特定人物頻繁上床，則屬於**人際關係成癮**（詳見⬇第一六四頁）。

性愛只得到一時的滿足

有性愛依賴問題的人，通常是想逃避個人的問題，或是想緩解自身的不安、緊張、孤獨等情緒，也有人是對性器或身體抱有**器官自卑**。另一種可能，說不定是想在性愛層面上滿足自尊心。

＊**戀物癖**　心理學家比奈提出的學說，對異性的內衣褲、衣物、鞋子等等感到興奮，美國精神醫學會的診斷基準當中，也有刊載這一類的異常性癖。

醫療臨床很少看到性愛依賴，也缺乏明確的診斷基準。再者，這種行為跟普通的戀愛也沒有明確的分界。只是，萬一各位難以控制性欲，影響到工作、學業、日常生活的話，最好還是盡快處理。

性愛依賴跟其他依賴一樣，都是想緩和不安、痛苦、煩惱、寂寞、空虛等情緒。**試著正視問題、解決問題，才是最佳的方法。**

性愛依賴度量表

以下清單若有多項符合，請及早前往精神科等專門機構諮詢。

1 □ 為了上床，什麼虛情假意的話都說得出口。

2 □ 明明沒有感受到性欲，卻忍不住想上床或自慰。

3 □ 性衝動一爆發，就克制不住自己。

4 □ 曾經犯下，或者是差點犯下性侵害的罪行。

5 □ 性事結束後，馬上產生強烈的罪惡感、後悔、自我厭惡。

6 □ 經常跟剛認識的人發生性關係。

7 □ 曾經在同一時期跟不特定的多數對象發生關係。

8 □ 只有上床時才能感覺到自己還活著。

9 □ 上床之前或過程中深愛對方，但結束以後就沒有那種感情。

10 □ 性衝動一旦爆發，就不會考慮任何後果。

11 □ 工作煩悶的時候，會想靠性愛來緩解情緒。

12 □ 曾因性愛問題（外遇、劈腿、性癖好問題等等）捲入很大的麻煩中。

改編自伊東明著作《愛，上了癮：撫平因愛受傷的心靈》

11 斷絕依賴①去做第二喜歡的事情

跟喜歡的人一起同樂會更有效果

善用其他人的幫助

假設各位開始依賴某樣事物，或是快要依賴某樣事物，到底該怎麼做才能斷絕依賴呢？在依賴的初期階段，各位不妨**去從事第二喜歡的事情**。

比方說，賭博、工作、網路是你依賴的對象，在不到成癮的狀態下，多少還會對其他事情感興趣。請跟自己喜歡的人，一起去做喜歡的事情吧！跟親朋好友旅行、跟戀人約會來轉換心情等等，都可以緩解我們對依賴對象的執著。

尤其在美麗的自然環境中旅行或健行，對身心都有良好的影響。德國心理學家**羅傑・烏里**的實驗證明，可以看到林木美景的住院患者，比那些只看得到牆壁的住院患者更快出院。這代表**美麗的風景，有促進治療的效果**。

向值得信賴的人尋求協助

尋求親密好友或家人的協助，也是一個好方法，例如你很依賴工作，不工作就靜不下來，連假日都要找理由到公司，處理一些雞毛蒜皮的小事。這時候有人點出你依賴的毛病，你可能會矢口否認。俗話說「**依賴是一種否認**＊**的病**」，當事人很難接受忠告或建議，而且也不

＊**否認**　心理學中所說的否認，是指不肯承認自己有問題。例如嗜玩柏青哥的人，會說自己只是消遣娛樂的程度，不肯承認自己已經成癮。

肯承認自己有依賴或成癮問題，跟旁人有多重的代溝。

然而在不到成癮的階段，親密的朋友或戀人或許能突破代溝，帶你擺脫依賴的事物。**由於當事人對依賴的事物有很強的執著，所以需要值得信賴的對象來斷絕執著。**

若是已經惡化到成癮的階段，則需要醫療機構的治療。有成癮症的人通常不願意到醫療機構治療，但借助親密好友或戀人的幫助，他們多半會乖乖聽話。

不安與壓力是產生依賴的原因，**建議各位事先學習處理不安與壓力的方法**，防止自己陷入依賴的症狀。當然，千萬不能選擇有依賴性的解決辦法。

如何斷絕對依賴物的執著？

會引發不安的事物，又稱為不安標的。這種標的除了有內、外之分，某些特定的行為或過程也是不安標的。

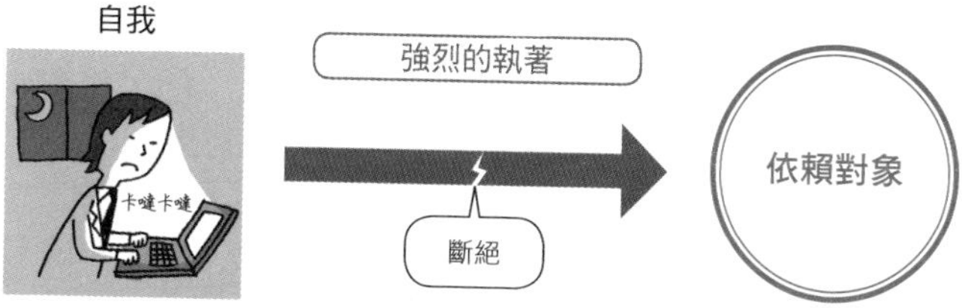

跟喜歡的人一起去做喜歡的事情

- 去做第二喜歡的事情
- 跟戀人約會
- 從事其他興趣或運動
- 旅行或健行

有親密友人或戀人的幫助，效果會更好。

12

斷絕依賴② 模仿自己崇拜的對象

思考對方會如何應對

演久了就會變成真的

模仿自己崇拜的對象，也是斷絕依賴的一大良方。對某些事物產生依賴的人，其實也知道自己不能再這樣下去，只是他們對依賴對象的執著太強，難以割捨罷了。因此，不妨給自己另一個角色，**扮演其他人的人格**。

心理學中有一個方法叫**角色扮演***（Role Playing），意指扮演其他的角色，試圖理解那個人物的心境。扮演自己崇拜的對象，這個方法或許稍嫌孩子氣，但人心是極具可塑性的。扮演自己崇拜的人，思維和行動模式會漸漸接近對方。告訴自己這只是斷絕依賴的手段，也不會傷害到自尊心，對於模仿他人也比較沒有抗拒感。

學習崇拜對象的思維和行動

至於該學習什麼樣的崇拜對象呢？這個人可以是你人生的導師，或是在你喜歡的故事中登場的人物，哪怕是歷史上的英雄都沒關係。決定好對象後，試著站在那個人的角度思考，他會如何解決你面臨的困境和難題。

既然是你崇拜的對象，那麼他絕不可能把自己的問題正當化，他一定會承認自己有依賴性

***角色扮演**　美國心理學家雅各布·莫雷諾提出的學說，首創將戲劇的表演方法，運用於治療精神疾病上。

的問題，進而思考治療的方案，並且會勇於付諸行動。

如果找不到自己崇拜的對象，**請想像一下自己過得健康又充實的模樣**，同時想像那樣的自己會如何思考和行動。回想起過去健康的自己，說不定就能緩和不安與緊張，重新燃起勇氣面對依賴問題。

角色扮演的療程

角色扮演是把其他人看成自己，試圖模仿對方的手法。學習其他人的思維和行為模式，就能重新反思自己的問題，激發解決問題的動力。

1 瞭解自己的心理狀態

- 瞭解和接受自己最真實的心理狀態

2 承認自己有依賴或成癮問題

- 認清自己處於哪個階段
- 認清自己有哪些不安、緊張、痛苦

3 思考崇拜的對象（或健康的自己）會如何自處

- 依賴或成癮的症狀為何
- 依賴或成癮的缺點為何
- 擺脫依賴或成癮的優點為何

4 思考崇拜的對象（或健康的自己）會如何解決問題

- 依賴或成癮有沒有機會康復
- 如何做才能康復
- 有什麼樣的療程
- 尋求醫療機構協助，大概要花上多少錢

5 實踐

瞭解你對行動電話、智慧型手機的依賴度

請按照指示回答下列問題。

開始

1 手機多半只拿來打電話或傳簡訊
是→往3
否→往2

2 不小心把手機忘在家裡怎麼辦？
有點靜不下心→往4
變得非常不安→往6

3 看到不認識的號碼，該怎麼辦？
總之回撥看看→往4
不理它→往5

4 比較想跟好友見面談話，而非講電話
是→往7
否→往8

5 愈常傳簡訊的對象愈值得信賴
是→往8
否→往9

6 動不動就確認手機訊息
是→往C
否→往A

7 兩年以上沒換過手機
是→往A
否→往6

8 曾經被電話帳單的金額嚇到過
是→往D
否→往9

9 到沒訊號的地方會坐立不安
是→往C
否→往B

診斷結果 做完這個測驗可以知道，你在日常生活中有多依賴行動電話或智慧型手機。

A：依賴度20%以下
你幾乎沒有依賴，忘在家裡也不會覺得不方便，你很重視與旁人直接溝通。

B：依賴度40%
你只是把行動電話、智慧型手機當成方便的工具，依賴度並不高。原本的人際關係也維持得不錯。

C：依賴度60%
對你來說，行動電話或智慧型手機是打發時間的好玩伴，依賴度相當高。要多多跟人碰面談話。

D：依賴度80%
你有嚴重的依賴性，可能跟旁人講話時也在玩手機，最好重新審視自己的人際關係。

第6章

戰勝軟弱與自卑的心理學

1 對「限定」或「特別」等字眼很沒抵抗力

群眾心理和稀少性原則作祟

不落人後的心態

各位看到「限定商品」或「結束營業特賣」等字眼，會不會想進去店裡一探究竟，就算你平時對那家店根本沒興趣？隨時買得到的東西，我們都認為有需要再買就好，但**「期間限定」或「跳樓大拍賣」等宣傳詞句**，會讓我們失去理智瘋狂購物。

尤其結束營業特賣等活動，會吸引一大批人潮光顧，進而產生一種容易受到其他人影響的**群眾心理**＊。我們會擔心錯過這一次機會，以後就再也買不到那些商品。

另外，這跟**稀少性原則**也有關係，我們總覺得愈難弄到手的東西愈珍貴。人類對於「限定」這一類數量有限的詞彙很沒抵抗力，瑞典心理學家**史帝芬·沃爾**的實驗，已經證明了這一點。

難以弄到手＝珍貴

史帝芬·沃爾準備了兩個罐子，一個裝有十片餅乾，一個裝有兩片餅乾，請參與實驗的人回答哪一邊比較好吃。兩邊都是同樣的餅乾，但多數人都回答兩片的那一邊比較好吃。

接著，再拿出兩個罐子各裝兩片餅乾，並告訴實驗者其中一罐有人吃過，多數人也是回答

＊**群眾心理**　在群體中產生的一種特殊心理狀態，人們會變得衝動又亢奮，失去判斷力和理性，輕易認同別人的說法。

有人吃過的那一邊比較好吃。這代表由多變少的餅乾，比一開始就很少的餅乾，更容易獲得良好的評價。

從這一點我們不難看出，**人們對「限定」或「特別」的東西很沒抵抗力**。只是，這種購物方式養成習慣後，會買入一大堆非必要的東西。想節約開銷的話，請在購買之前深思自己是否真的需要。

稀少性原則

隨便都買得到的東西變得很難買到，人們會給予極高的評價，說什麼也要弄到手。

利用稀少性原則的詐欺商業手法

有些不肖商人會強調商品的稀有價值，降低消費者的判斷力，再來高價兜售商品。

兜售版畫

先降低消費者的戒心，強調自家藝術品比市價便宜，而且是非常特別的藝術品，再高價賣出版畫（Lithograph）。

兜售課程、證照

募集有意願參加講座的人，販賣限定人數的課程。

兜售寢具

找來大批群眾發揮群眾心理作用，強調商品本身非常稀有，藉此賣出高價的寢具組。

2 心情隨占卜結果起伏不定

了無新意的內容也覺得很準

容易被負面訊息影響

各位相信占卜嗎？日本很多電視節目、書籍、週刊雜誌都有大量的占卜訊息。早上的新聞節目也有「今日運勢」的星座分析，有些人容易被占卜影響，看到占卜的結果不好，情緒就會非常失落。

明明都是些乏善可陳的內容，大家卻認為占卜的結果很符合自己的狀況，這又稱為**巴納姆效應***。通常人們相信正面的訊息，對負面訊息較為忌憚，但**自我評價**（詳見➡第四八頁）不高的人，有相信負面訊息的傾向。假如占卜的結果說他們運氣不好、嘗試新事物容易失敗等等，他們真的會信以為真。

單純化的刻板印象，容易產生偏見或先入為主的觀念

像血型分析或星座占卜這些東西，是把特徵相近的人歸為一類，這種套用**刻板印象的思維**是有壞處的。所謂的刻板印象是一些固定的成見，比方說談到國民性情，日本人就被歸為害羞內向，拉丁人就熱情奔放。沒有任何科學根據的血型分析也屬此類，例如A型的人一定是性格嚴謹、O型的人多半生性邋遢等等。

***巴納姆效應**　一九五六年美國心理學家保羅・米爾提出的學說，以表演家費尼爾司・泰勒・巴納姆之名命名。

人們之所以喜歡刻板印象的表現方式，**主要是這種方法用簡單的詞彙來闡述特徵，好像可以輕易理解一個人**。問題是，刻板印象**容易造成偏見或先入為主的觀念**。如果你認為自己跟別人處不好，都是星座或血型不合害的，這就完全本末倒置了。

占卜並沒有確切的根據，請當成一種趣味參考就好。要是真的很在意占卜的內容，不妨確立一種堅定的態度，例如只相信好的占卜結果等等。

巴納姆效應實驗

實驗方法 先跟學生們說，要進行測驗來診斷他們的性格，然後舉行一個簡單的測驗。測驗結束後，給他們看事先就準備好的診斷書，書面上記載下列的內容，之後再讓學生用 0 ～ 5 分，來表示那張診斷書有多準（亦即非常不準到非常準）。

- **你希望獲得別人的好感和讚賞，卻又有自我批判的傾向。**
- **你擁有相當了不起的才能，只是還沒有發揮出來。**
- **你乍看之下是一個規律又自制的人，其實內心充滿猶豫和不安。**
- **你會認真思考自己的判斷或行動是否正確。**

結果 上述文章只是隨便摘錄幾句星座占卜的內容，但學生的準確度評比平均是 4.26 分。換言之，多數學生都認為診斷書說的很準，明明是很普遍的內容，但每個人都覺得符合自己的狀況。

3 看到有人排隊就想跟著排

不願偏離多數派的意見或流行趨勢

容易受他人影響

各位在街上看到大排長龍的景象，會不會想過去看看？如果一家店大排長龍，而且不是店家安排的暗樁（假客人），那就代表該店具有獨特的魅力，這可以當成一種選擇的標準。

不過，你要是動不動就想跟著別人排隊，那麼你可能是一個**他人取向型**的人，容易受到其他人的影響。這種人平時很在意旁人的言行舉止，會刻意迎合多數派的意見或流行趨勢。

模仿他人行動的心態

除了他人取向的行動方式外，想跟大家一起排隊還有幾個原因。一是受到**從眾行為**（詳見⬇第四三頁）影響，跟別人採取同樣的行動。二是受到**群眾心理**（詳見⬇第一九〇頁）影響，陷入狂熱的情緒而不自知。

美國心理學家**米爾格倫**曾在紐約做過一個實驗，他找來三名暗樁抬頭觀看特定的大樓，大約有六成的行人也會做出同樣的舉動。緊接著，他找來六名暗樁抬頭觀看大樓，結果這次多達八成的人效法。**暗樁的人數愈多，受其影響而採取同樣行動的人也愈多**。店門外大排長龍的景象，也

利用隊伍促銷商品

1 消費者發現隊伍

2 跟著一起排，情緒變得很亢奮

3 購買本來沒打算要買的高價商品

啊！有人排隊
有這麼多人一起排隊，代表有很棒的商品吧，真期待
價格有點貴，但好東西非買不可啊！

跟這個實驗的暗樁一樣，具有相同的影響力。

大排長龍的景象很引人注目，容易吸引那些他人取向型的消費者。人數愈多，群眾心理的作用就愈強，會有使情緒亢奮的效果。在這種情況下進入店裡，可能會有意外的開銷，因此在排隊之前請先冷靜思考。

深入瞭解　群眾心理一旦形成，就無法克制情緒？

當成千上百的人聚在一起，就有可能喪失正確的判斷力和善惡觀念。法國心理學家古斯塔夫．勒龐*，曾經提出群眾心理學。他表示一旦群眾心理形成，人們就會陷入一種狂熱，失去克制感情的能力。

比方說，暴動或示威抗議就是群眾心理造成的。一群人在慌亂的情境下化為暴徒，這種現象又稱為暴民。暴民可分為以下幾種，一群人湧入特賣會稱為逃亡式暴民，在祭典上吵架鬧事的稱為表達式暴民，執行恐怖攻擊或集團凌虐的稱為攻擊式暴民。

＊古斯塔夫．勒龐　法國心理學家，也研究考古學和人類學。他提出的群眾心理學，對二十世紀的社會心理學有很大的影響。

4 一直沒辦法專心準備考試

成就動機太薄弱會影響幹勁

不到緊要關頭，不肯用功

各位在準備考試的時候，是不是遲遲不肯伏案苦讀？就算拿出教科書或參考書，也會東摸西摸做其他事情？其他人覺得你實在太沒危機意識，還勸你要趕快念書，但你就是不想採取行動。

從心理學上來看，你是一個成就動機薄弱的人。所謂的**成就動機***，就是想要盡早達成目標或課題的情緒。成就動機強烈的人，被賦予某個課題會立刻採取行動；反之，成就動機薄弱的人，拖再久都不願意開始行動。

然後，每次都拖到逼不得已才開始念書，考試結果自然不理想。未來面對其他考試也是同樣的態度，不斷地重蹈覆轍。

弄清楚自己的念書目的是什麼

要改掉這種壞習慣，你必須強化自己的成就動機。具體來說，你得先**弄清楚自己參加大考的目的**是什麼？以大學學測為例，你得先弄清楚自己念大學是為了什麼？你上大學到底想做什麼？如果是考取證照，那麼你拿到證照要做什麼？這些都要先弄清楚才行。

第二，做任何事都要**養成馬上行動的習慣**。

***成就動機**　賦予自己達成目標的動機，成就動機強的人無需他人鞭策，遇到問題也能輕易設定解決的目標。

強化成就動機

人要有「動機」才會採取行動，朝目標邁進。動機有分內在動機和外在動機。

內在動機

（與自身目標一致，成就動機就愈強）

想要考上第一志願，想要進入自己嚮往已久的企業，這些都是源於自身願望或意志的成就動機。

外在動機

（強制力愈大，成就動機就愈強）

受到旁人或環境的影響，而有意採取的行動。例如，上司叫你今天之內必須完成某項工作，這就是外在的成就動機。

遲遲不肯準備考試的人，通常做其他事情也是拖拖拉拉。比方說，先看個電視、玩一下遊戲、讀一本閒書等等。凡事都要先休息一下再來做，時間很快就浪費掉了。

一開始先做一些簡單的事情，把「馬上行動」當成目標，這樣只要即刻行動，就算達成目標了。久而久之，身心就會習慣馬上行動的做事方法了。

第三，**詳細做好時間規劃，規定自己多久時間要完成多少工作**。好比規定自己晚上十點之前要讀完某一科，利用時限將近的焦急心情逼自己念書。或許最終沒辦法全部念完，但先讓自己坐到書桌前面，念書就不是一件太痛苦的事了。

5 凡事都往壞的方面想

無法克制負面的自動化思考

自然浮現的思考習慣

有些人一遇到不好的事，就會一直往壞的方面想，甚至產生強烈的不安。

之所以一直往壞的方面想，主要是陷入**自動化思考**＊的關係。自動化思考是一個人的思考習慣，在某種情境下會自然浮現的思維或印象，那是自己沒辦法控制的。比方說有人來不及搭上電車，就開始埋怨自己為何無法準時赴約，相約碰面的人一定會很生氣，然後想起以前失敗的經歷，認定自己做什麼事都不會成功，是個一無是處的廢物。當這種負面的思考方式養成習慣，就會妄自菲薄。

樂觀的人遭遇同樣的事情，通常不太會放在心上，他們甚至會說服自己，也許沒搭上那一班電車，反而能躲過可能會發生的壞事。遺憾的是，自尊心或自我評價不高的人，容易陷入負面的自動化思考模式，害自己一直鑽牛角尖，心情也就愈來愈低落。

切斷自動化思考的連鎖反應

改善負面的自動化思考有兩大重點，第一是**切斷負面思考的連鎖反應**。例如，剛才我們談到來不及搭電車的例子，其實無法準時赴約，

＊**自動化思考**　腦海中不經意浮現出來的某種思維，若是與過去的失敗或恥辱有關，可能會讓當事人情緒低落。

對方不見得會生氣；一次粗心的錯誤，也不代表自己一無是處。要跳脫負面的這種思考方式，請切斷負面的連鎖反應，**根據理性的邏輯按部就班思考。也就是思考原因和結果的關係就好（因果關係）**，例如來不及搭電車是「因」，那麼無法準時赴會就是客觀的「果」。

第二，**確認自己的思維是否與事實一致**。即便無法準時赴會是事實，在還沒有實際見面之前，也不能確定對方是否生氣。請分清楚事實和妄念，思考如何應對事實就好。

重整自動化思考的重點

一旦陷入負面的自動化思考，各種不好的思緒會不由自主浮現心頭，最後落入無法控制的地步。

1 切斷負面思考的連鎖

怎麼辦 → 無法準時赴約
↓
惹對方生氣了

怎麼辦
↓
犯錯了
↓
我總是失敗
↓
什麼事都做不好
↓
我就是個廢物

- 各項之間沒有明確的因果關係。
- 思考太過於跳躍。
- 遠離太過於跳躍、沒有明確關聯的思維。

2 確認自己的思考是否合乎事實

思考	事實關係
怎麼辦	○
失敗了	△
無法準時赴約	○
惹對方生氣了	×
我總是失敗	×
什麼事都做不好	×
我就是個廢物	×

○事實　△不明確　×非事實

只思考事實和應對事實的方法就好

「怎麼辦」→搭下一班電車

「無法準時赴約」→趕快聯絡對方自己可能會遲到

6 替自己找藉口

隱瞞自己的軟弱來維持心靈安定

用藉口隱瞞真正的原因

各位是不是一個會替自己找藉口的人？其實我們經常替自己找藉口，只是對這件事沒有自覺罷了。如果得知真相會受到嚴重的傷害，**我們就會找藉口來保護自己**。

比方說，遲遲不肯用功念書也是一種藉口，這樣考試考不好的時候，就可以說自己是因為沒念書才考不好。沒有人想承認是自己能力不足，所以就用沒念書來當藉口，替自己的能力不足**正當化**（**自我正當化***）。當然，這不見得是刻意的欺瞞，**有時候連我們自己也會相信那些藉口**。

用其他的理由來解釋問題，隱瞞背後真正的原因，這種行動就稱為**合理化**（詳見⬇第二四四頁），這也是一種保護自我心靈的**防衛機制**（詳見⬇第五二頁）。當需求得不到滿足，我們就會產生緊張、不安、痛苦，並且下意識地保護自己不受這些感情傷害。

把自己的軟弱正當化

還有一種情況是，我們對某個人抱有敵意或恨意，卻認定是對方先得罪我們，這也是在替自己合理化。也就是**下意識地替自己找藉口**，

＊**自我正當化**　深信自己做的事情一定是正確的，不懂得思考自己可能有錯，所以也不會反省。

彷彿是對方先得罪我們，我們才不得已討厭對方一樣。

人在不想面對自己的軟弱或怠惰時，就會開始替自己合理化。有時候合理化可以保持心靈上的健康，但不正視現實是沒辦法成長的。與其替自己偷懶沒念書的行為正當化，不如好好用功提升自己的能力，這才是正道。為了督促自己成長，我們應該時常反省自己是否有因循苟且的問題，好好確認自己的行徑，這樣才能防止自我正當化的問題發生。

酸葡萄心理

伊索寓言中著名的「酸葡萄」，就是在描述替自己找藉口的心理狀態。心理學的書籍中，經常提到這一則故事。

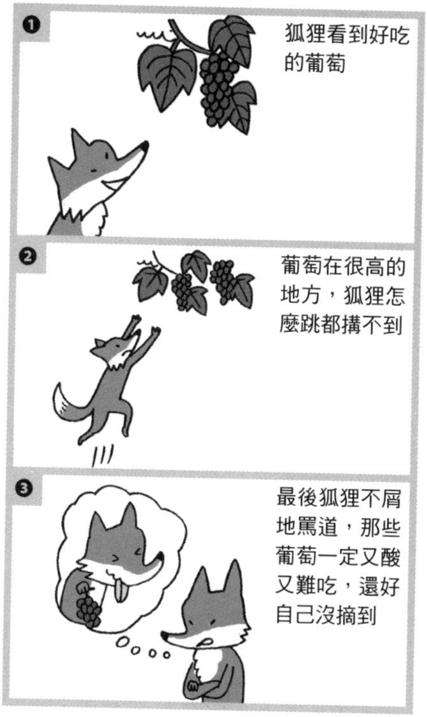
❶
狐狸看到好吃的葡萄
❷
葡萄在很高的地方，狐狸怎麼跳都搆不到
❸
最後狐狸不屑地罵道，那些葡萄一定又酸又難吃，還好自己沒摘到

有些事物再怎麼努力也得不到，這時候我們就會告訴自己，其實那些事物也沒什麼大不了，根本不值得自己努力爭取。

需求得不到滿足，就會產生緊張、不安、痛苦的情緒。保護自己不受這些情感傷害的行為，就是所謂的合理化，這屬於一種保護自我心靈的機制。

7 不願談起有關父親的話題

對父親心懷芥蒂

迴避有關父親的話題

各位跟朋友聊天的時候，如果聊到關於父親的話題，你會不會刻意改變話題呢？你的朋友是不是很好奇，為什麼你不太談論自己的父親？要是你對自己的父親心懷芥蒂，所以刻意避開有關父親的話題，那麼你可能有**父親情結**。

所謂的情結，是指「錯綜複雜的感情、芥蒂、執著」，用來表達對某個對象心生依賴，卻又試圖擺脫的矛盾心理。

父親情結分為兩種。一種是女兒與母親對抗，想要奪取父愛的父親情結；另一種是兒子努力超越父親，成果卻不盡理想，最後自暴自棄的父親情結。

分析心理學＊的始祖**榮格**（詳見➡第一八頁），提倡了情結這樣的思維，他是透過**字詞聯想測驗**＊發現的。所謂的字詞聯想測驗，就是對某個特定詞彙（刺激語），提出自己聯想到的詞彙（反應語）。例如看到「藍色」，就回答「大海」，用這樣的方式進行。

發現問題，不要受問題影響

像報紙、西裝、公事包這些詞彙，多數人都會聯想到「父親」，至於那些對父親抱有特殊

＊**分析心理學**　榮格理論化的深層心理學派系，除了談到情結外，還有內心深處的集體潛意識、個性化等獨特的概念。

情結的人，**因為他們不想談到「父親」這個詞，因此會刻意回答其他答案**。再者，他們不希望旁人發現父子之間的芥蒂，會從父親這個單字，聯想到其他的單字上，好比從父親一詞聯想到上班族，再從上班族聯想到通勤，總之就是要遠離「父親」這個字眼。父親情結太嚴重的人，遇到年齡、外貌、職業跟父親相近的人也無法好好相處。有父親情結的人，多半跟父親感情不睦，要恢復正常的關係，就得發現自己的心理情結，盡可能避免受其影響。

「父親情結」測驗表

我們通常不知道自己是否有父親情結，請確認一下自己跟朋友或熟人聊天時，有沒有下列的傾向。

1 □ 談到父親的話題時，只談一些工作、興趣、年齡等無關緊要的內容，完全不提自己是否喜歡父親，也不談父親是什麼樣的人。

2 □ 父親明明還在世，但在談到家人的時候，完全不會提起父親。

3 □ 一談到父親，就想改變話題。

4 □ 一談到父親，就找藉口離席。

5 □ 一談到父親，就談論一些常見的父親形象（例如當父親的都很頑固等等），不然就談論電視劇或漫畫中的父親角色。

6 □ 一談到父親，就急著下結論，例如說他們那個世代的人只知道工作等等，希望趕快結束話題。

有上述這些傾向的人，極可能有父親情結。

＊**字詞聯想測驗**　負責測驗的人說出一百個單字，受測驗的人要回答自己聯想到的詞彙，這樣可以找出受測驗者的心理情結或不安。

8 選擇跟父母相似的對象交往

視父母中的異性者為對手的情結

對於父母中的異性者仍留有關注

選擇交往對象時，你會下意識地追求跟自己父母相似的對象嗎？例如女性選擇跟父親相似、男性選擇跟母親相似的對象。有這種現象的人，可能是把戀人和父母的形象重疊在一起。

根據**佛洛伊德**的說法，三到六歲的小孩處於對自己性器感興趣的**性器期**，並且對父母中的異性者產生性方面的關注。這時期的**男孩會愛上母親，把父親視為一種麻煩的存在**。他們會覺得父親很討厭，跟父親對立，同時又跟母親黏在一起，來滿足自己性方面的欲望。

希臘神話中伊底帕斯殺死父親後娶了母親，於是佛洛伊德把這種下意識產生的矛盾心理，取名**伊底帕斯情結**。反之，**女孩對父親抱有深厚愛意，對母親產生強烈的對抗意識**，榮格則稱為**厄勒克特拉情結**，命名亦源於希臘神話。

通常人們在經歷**潛伏期**＊和**生殖期**＊（詳見⬇左圖）以後，在成長過程中，**異性戀**會開始萌芽，並且習得社會常識，這些情結也就自然而然地消失了。倘若這些情結沒有消失，甚至對父母中的異性者仍抱有濃厚的關注，那麼就可能對其他異性不感興趣，或是把與父母相似的人視為戀愛對象，跟那些對象談戀愛或結婚。

＊**潛伏期**　佛洛伊德「心性發展階段」當中的第四階段，也就是從五、六歲到十一、二歲的時期，對性方面的欲望和關注，相對來說比較壓抑。

在成長過程中變化的性需求（原欲）

佛洛伊德以原欲（性需求）的相應部位來區分心性的發展階段。

口腔期

0歲～18個月

藉由吸吮或啃咬母親乳房，來獲得口腔的快感。嬰兒透過哺乳行為，與外界交流。

肛門期

1歲到3歲

在這個階段獲得肛門的快感，小孩經過如廁的訓練，得到父母的讚賞或斥責，開始有了控制自己的自信與自立性。

性器期

3歲到6歲

小孩開始對自己的性器感興趣，並獲得快感。男女性器不同，因而開始對性別差異有所自覺。對父母中的異性者產生性需求，並厭惡與自己同性的父親或母親。

潛伏期

6歲到12歲

原欲暫時受到壓抑，這個時期的精力都集中在學業或交友關係上。

生殖期

12歲以後

過去對身上各部位的原欲經過整合後，隨著身體逐漸成熟，慢慢展現出性愛的欲望。

＊**生殖期**　佛洛伊德「心性發展階段」當中最成熟的階段。在十一、二歲以後，對異性有愈來愈濃厚的興趣。

9 離不開母親

仰賴母親照顧生活起居的母親情結

母親情結很容易看得出來

各位遇到求學、求職、結婚等人生重要時刻，是否都交給母親來做決定呢？許多跟父母同住的人，也是依賴母親來照顧自己的生活起居對吧？有些人婚後和父母分居，也同樣依賴母親而無法自立。

這種一直追求**母性（生養孩子的天性）**，無法脫離母親的心理狀態，稱為**母親情結**。

母親情結跟所謂的**戀母情結***類似，但戀母情結主要用於青春期以後的男性，母親情結則不限於男性。近年來，**女兒黏母親**的現象有增加的趨勢。

母親情結麻煩的地方在於，孩子和母親會互相依賴，形成一種**共生依賴**（詳見⬇第一八〇頁）的關係。兩者的聯繫太過強烈，孩子很難脫離母親的保護自立，母親也很難放棄保護者的職責，放手讓孩子獨立，更不會尊重孩子是獨立的個體。

主因在於錯誤的育兒方式

教育心理學家**奧野明**曾經指出，父母錯誤的養育方式（教養態度），是引起小孩各種問題的成因。其中，**過度保護**、**過度支配**、**過度服**

＊**戀母情結**　過了青春期的男性還會依賴母親，並且還會視為是理所當然的事情。或是明明有心自立，卻無法擺脫依賴。

從的母親，容易養育出有母親情結的孩子（詳見⬇左圖）。

對於有母親情結的人來說，能否脫離母親**自立**是人生一大課題。一個成熟的大人，必須脫離父母的保護，切斷彼此之間過度的聯繫。

具體來說，青春期以後應該跟母親分房睡覺、出社會後開始獨居、自己決定薪水該如何運用等等。

父母的教養態度和孩子的性格

不同的教養方式會影響到孩子的性格，我們來看看幾個代表性的例子。

拒絕型

無視小孩、拒絕與小孩接觸。

小孩的反應

會做一些吸引旁人關注的舉動，可能變得叛逆或有攻擊性，試圖自殺或離家出走。對於被愛或被厭惡，非常敏感。

過度保護型

過度照顧小孩。

小孩的反應

不易養成應有的生活習慣，可能有內向、膽小、孤單、缺乏耐心、神經質、不適應團體生活之類的問題。

過度支配型

支配小孩，強迫他們接受父母思維。

小孩的反應

可能變得服從、順從、消極、害羞。或是產生攻擊性、反抗行為、逃避（行為偏差、逃家、自殺、追求享樂、妄想），也有欠缺自主性和創造性的問題。

過度服從型

完全受小孩擺布。

小孩的反應

可能變得自私、任性、害羞（在家一條龍）。無法克制自己的欲望，容易產生退化（回到幼兒的心智狀態）或暴怒等問題。

10 苦於自卑感

覺得自己不如人

難有自覺的自卑情結

不曉得各位有沒有下列這些煩惱？比如羨慕自己的好朋友結婚、認為自己胸部小，缺乏女性魅力、討厭跟比自己高的人走在一起、嫉妒那些成績好的同學等等。有類似煩惱的人，可能有**自卑情結**＊的問題。

我們會**不自覺地跟他人比較**外貌、成績、地位等等。自卑情結就是覺得自己不如人，而且深感痛苦的情緒。這種感情跟自卑感類似，但在心理學中這兩者定義不太一樣。自卑感通常當事人是有自覺的，但**自卑情結當事人多半沒有自覺**。

對自己的五官、體型等外在因素有自卑感或自卑情結（器官自卑）的人，非常在意其他人的目光，他們會覺得自己受人輕蔑，得不到異性歡迎。

這種感情太過強烈，就會在意自己的外貌而不敢與人來往，甚至刻意躲避自己的好友或熟人。有些人的情況甚至嚴重到無法外出，是一種很麻煩的問題。

也能當做成長的動力

自卑感和自卑情結的另一面，就是**優越情結**

＊**情結**　平時被壓抑在潛意識當中，本人難有自覺的強烈情感或堅持。

（表現得比實際更加優越）。

我們多少需要一些優越感來保護自尊心。但優越感太強烈就會四處炫耀，例如炫耀自己就讀一流學府、出人頭地等等。

有自卑情結和優越情結的人，通常在待人處事方面都有問題。因此，**請先培養自己感同身受的能力**，努力跟旁人建立良性的人際關係。

當然，擁有情結也不見得全是壞事。想要出人頭地或變漂亮的欲望，也是自卑情結的一種延伸，可以當做**督促自己的動力**。

有心活用自卑情結的人，得先弄清楚自己對什麼自卑，然後把克服自卑視為目標。當你開始努力克服自卑，自卑情結就會**化為你成長的動力**。

深入瞭解

自卑情結是可以克服的

維也納精神醫學家阿爾弗雷德．阿德勒認為，一個人若是深受自卑感所苦，而且嚴重到對現實生活造成影響，那麼這種情結就稱為「自卑情結」。

阿德勒指出自卑情結的三大成因，第一是對身體器官感到自卑；第二是在家備受呵護，出社會體認到現實的嚴苛而產生自卑感；第三是缺乏父母關愛，覺得自己惹人厭的自卑感。

有自卑情結的人往往不會承認自己有自卑感。他們反而相信「自己比其他人優秀」，假裝沒注意到自己的自卑感。可是，當自卑感愈來愈強烈，就再也無法視而不見了。於是，阿德勒介紹了古雅典人物狄摩西尼，狄摩西尼克服自己有口吃（講話斷斷續續，聽不清楚）的自卑感，成為希臘第一演說家，這代表自卑情結也可以當做成長的動力，幫助克服自卑感。

11 不想長大

感受不到長大成人的吸引力

拒絕長大以逃避責任

各位是否曾經想過，最好永遠不要長大？每個人年輕的時候，或多或少都希望永遠停留在年少時期，不要踏入社會。

多數人長大進入社會以後，就會漸漸遺忘這種心態了。但有一部分人**拒絕成熟**的心情卻愈來愈強烈，以致於無法適應社會上的生活。

美國心理學家**凱利**便用童話中永遠不會長大的彼得潘，來替這種症候命名——**彼得潘症候群**。這些人不願長大的理由主要有以下三點。

第一，跟母親的聯繫太強，無法獨立自主（詳見➡第二〇六頁）。待在母親身邊的話，會有人照顧他們的生活起居，也不必面對社會的嚴峻，屬於一種很舒適的環境。

第二，他們**害怕承擔成年人的責任**。一個獨立的社會人士，一方面獲得了經濟自由，另一方面也得承擔各式各樣的責任。可是，他們不認為長大成人的吸引力，值得讓他們去承擔這些責任，所以乾脆拒絕成長。

第三，這些人**想成為中性的存在**，而非男性或女性的其中一種。長大成人就不得不接受自己的性別，這類型的人害怕性方面的問題，有太過潔癖的傾向。他們想遠離戀愛或性愛，所以拒絕成熟。

重新審視自己的生活

就算內心一直抗拒長大，只要情結不太嚴重，還有辦法過社會人士的生活，那也沒什麼問題。然而，畢業後一直不找正職工作，整天在家啃老的話，那就有必要重新審視自己的生活了。

彼得潘症候群的人有一個共通的傾向，**他們認為世界充滿汙穢與虛偽**。有類似傾向的人請多多與他人交流，努力去接觸一些藝術類的活動。拓展自己的視野，你會發現這個汙穢不堪的世界，也有著許多美麗的事物。

深入瞭解　現實中沒有救世主出現的灰姑娘情結

「灰姑娘情結」是女性特有的心理，取名自夏爾·佩羅的童話《灰姑娘》。提出灰姑娘情結的是美國女性作家科萊特·道林，這是指女性一方面想得到他人關照，一方面又想發揮個人特性或創造性的矛盾需求。

例如那些幹練的女性，她們想在社會上嶄露頭角，卻又嚮往著依賴丈夫的主婦生活，可惜沒有積極採取行動，徒然浪費光陰。現實生活中沒有拯救灰姑娘的魔法師，每個人早晚都要認真思考自己的未來。

瞭解你的情結強度

接下來要分析你的習慣或行為模式。請用①經常發生、②偶爾發生、③很少發生這三個選項來回答下列問題，並將每種選項的分數記入其中，最後計算出總分。

提問	1	2	3
別人在說話時，會插入自己的意見。			
動不動就挑別人毛病。			
遇到地位不如自己的人就囂張跋扈，遇到地位比自己高的人就逢迎諂媚。			
會故意笑得特別大聲。			
不肯仔細聽對方說話。			
動不動就自我吹噓。			
會用不同的打扮或髮型引人注意。			
動不動就罵人或抱怨。			

①經常發生　5分
②偶爾發生　3分
③很少發生　1分

總計　　分

診斷結果

情結也有分成各種不同的類型，每個人或多或少都有一些情結。這種感情太強烈的話，有可能會大肆炫耀自己的成功，挑剔別人的毛病，無視一切對自己不利的現實問題。這是一種刻意呈現的優越感（優越情結，詳見➡第二〇八頁），用來掩飾內心的情結。

超過 20 分的人

算是優越情結很嚴重的人，關鍵是請先接受自己的缺點。正視自己的缺點，並當做成長的動力，你就有機會更上一層樓。

第7章

享受戀愛的心理學

1 男女之間的異性偏好

異性互相吸引的條件是什麼？

男性不懂女性喜歡的異性形象

我們都知道不能用外表來判斷一個人，但**相貌**姣好的人較受異性歡迎也是不爭的事實。話雖如此，相貌好壞並沒有明確的標準，男女對吸引異性的部位也有不一樣的認知。首先，我們來看看女性喜歡男性的哪些部位。

根據美國心理學家**威爾森**和**奈亞斯**的調查，「男性自認有魅力的男性形象」，跟「女性認為有魅力的男性形象」是有極大落差的。多數男性以為高大的身材，厚實的胸膛、肩膀、臂膀，還有巨大的性器是吸引女性的條件。但真正喜歡這些條件的女性只占少數（詳見⬇左圖）。

多數女性喜歡小巧性感的臀部、苗條的身材、結實的腹部、迷人的眼眸、修長的雙腿等等，反而不太關心魁梧的身材或巨大的性器。換言之，**男女之間對充滿魅力的男性形象，有極大的認知落差**。男性之所以這樣想，主要是受到**性別刻板印象***的箝制，認為男性就應該符合那種形象。

男性注重女性的臉部、髮型、腿部

那麼，男性重視的又是女性的哪些部位呢？

＊**性別刻板印象**　社會期待男性和女性該有的形象，以及既定的行為模式（或稱刻板印象）。

根據一份問卷調查顯示，男性對一名女性有沒有好感，首先是看**臉**或**髮型**，接下來是看腿。迷你裙或熱褲展現出的健康美腿，對多數男性來說很有魅力。

跟男性相比，女性其實也知道男性注意的部位是哪裡。女性只要好好保養自己的臉部，努力學習化妝的方法，並且注意自己的髮型，保養出一雙健康的美腿，就有很高的機會跟喜歡的男性在一起。

男女之間對「男性魅力」的認知落差

男女之間對女性喜歡的男性魅力，有下列的認知落差。

男性認為「女性喜歡的男性魅力」	女性實際上喜歡的男性魅力
結實的胸膛和肩膀…21%	小巧性感的臀部…39%
結實的臂膀…18%	苗條的身材…15%
巨大的性器…15%	平坦的腹部…13%
高大的身材…13%	眼睛…11%
平坦的腹部…9%	長腿…6%
苗條的身材…7%	高大的身材…5%
頭髮（指髮質，而非長度）…4%	頭髮…5%
眼睛…4%	脖子…3%
臀部…4%	巨大的性器…2%
長腿…3%	結實的胸膛和肩膀…1%
脖子…2%	結實的臂膀…0%

改編自威爾森＆奈亞斯論述，1976

男性喜歡的女性容貌

1 稚氣型

大眼睛
小鼻子
雙眼距離較大
小下巴

2 成熟型

顴骨較高
小臉
小下巴

3 表情豐富型

眉毛上揚
瞳孔較大
大嘴巴
有笑容

改編自康寧漢論述，1986

2 交不到男、女朋友的帥哥美女

完美的外表令人難以接近

美女的孤獨煩惱

有不少帥哥、美女其實都沒有男、女朋友（說不定你也是其中之一）。這一方面是他們**自我評價（自尊心）**較高，另一方面是大家在帥哥、美女面前容易退縮的關係。就算他們沒有擺出高傲的姿態，卻還是令人望之卻步。

有一個分析路人行動的研究，證明了美女容易孤獨的現象。首先在路人較多的地方，分別安排四組人馬。第一組是單獨一名男性，第二組是單獨一名女性，第三組是兩名交談中的男性，第四組是兩名交談中的男女，然後觀察路人的反應。

結果，路人最容易接近的是單獨一名女性。再來依序是單獨一名男性、兩名男性、兩名男女。然而，**如果單獨一名女性是非常漂亮的美女，那麼路人經過時會離得很遠**，人們會盡可能跟美女保持距離。

不以對方外貌為準

按照**匹配理論**的說法，我們跟外貌相似或是有同樣**外表吸引力***的異性，比較容易發展成親密關係。我們會在有意或無意間，**尋找外觀、地位、家世、學歷等條件相當的對象**。尤其男

***外表吸引力**　指出色的容貌或外觀，外表吸引力高容易給旁人好印象或獲得極高的評價。

性容易對（看起來）層級相同、門當戶對的女性抱有戀愛感情。帥哥、美女通常也對另一半的外貌有極高的要求（詳見⬇左圖），當然符合的對象變少，戀愛的機會也跟著變少。

假如你是帥哥美女，卻遲遲交不到男、女朋友，請不要太拘泥對方的外貌，改用一些新的擇偶基準吧，例如談吐風趣、興趣相投等等，說不定有新的緣份在等著你！

追求容貌姣好的舞伴

實驗方法 美國心理學家魏絲特做過一個實驗，她告訴實驗對象，他們的舞伴都是經過電腦精挑細選的最佳對象，實際上卻是隨機挑選，由素不相識的男女所組成的。然後在舞會的過程中，請他們回答舞伴的魅力何在。舞會結束後，再詢問他們是否想跟舞伴約會。

結果

- 男女間影響好感度最大的關鍵，都是外表上的吸引力，而不是人品或知性。
- 容貌愈姣好的人，對舞伴的評價愈嚴苛。跟帥哥、美女一組的舞伴，在舞會過後仍然想跟他們約會，但帥哥、美女並不想跟相貌平庸的舞伴約會。
- 缺乏外表吸引力的人，跟容貌姣好的舞伴一組，舞會結束後也希望一起約會，但他們不想跟同樣缺乏外表吸引力的舞伴約會。

⬇

容貌姣好的人若不拘泥對方的外表，則有很高的機會交到男、女朋友。

3 對自己沒自信的人容易墜入情網

想跟別人打好關係的情緒特別強烈

一被告白就欣然交往的心態

各位身旁有沒有那種其貌不揚，卻經常有戀人相伴的朋友？或者，你身旁有沒有那種帥哥、美女，遲遲交不到男、女朋友的狀況？

其實這是有確切理由的，其貌不揚的人對自己缺乏信心，不會積極追求異性。只是，**他們的擇偶條件也不高，一旦被告白就很有可能接受**。這種人容易感受到不安，有一種想跟其他人建立親密關係的**親和需求**＊。

美國心理學家**沙克特**認為，不安與親和需求互有關聯。於是他做了一個實驗，調查情緒不安的人是否想跟其他人在一起（詳見⬇左圖）。結果如他所料，內心不安愈強烈的學生，有愈強大的親和需求。**容易感受到不安的人，想跟別人打好關係的情緒特別強烈**。

所託非人

相對地，帥哥、美女的自我評價較高，對自己也很有自信。然而，他們會追求配得上自己的異性，所以很難找到對象。就算真的找到了，對方可能也有很高的要求，到頭來雙方無法互相妥協，白白錯過了一段緣份。

或許有人覺得，沒自信反而容易交到男、女

＊**親和需求**　想跟信得過的伙伴或親密對象在一起，或是互相交流的需求。基於這種需求所衍生的行為就叫親和行為。

朋友，這不是一件好事嗎？其實倒也未必，親和需求太強的人，太想要一個陪伴自己的對象，因此很可能跟風評極差的對象在一起，例如性格軟爛、遊手好閒的人等等。況且，對方可能也吃定他們好騙。雖然我們沒必要擺出高姿態拒人於千里之外，但還是要有適度的自我評價，同時培養看人的眼光，否則挑選戀人或配偶時會吃大虧。

沙克特的親和需求實驗

實驗方法　請實驗對象進入設有電擊裝置的房間，實驗分成兩組進行。

電擊可能會很痛

電擊不會痛，只是有點麻麻的

組別 1

告訴實驗對象電擊很強烈

組別 2

告訴實驗對象電擊很微弱

↓

說明完以後，請實驗對象先到其他房間稍待十分鐘，並尋問他們想到單人房等，還是到有其他人的大房間等。

結果

組別 1：多數人想到大房間等

組別 2：回答「隨便」的人居多

這證明人在不安的情況下，想跟其他人在一起的親和需求會轉強。

4 如何將好感轉化為愛意

好感（Like）是親密感，愛意（Love）是獨占

女性會明確區分好感和愛意

各位有沒有被心儀的對象發過好人卡？對方認為你是個好人，但不適合交往。假設你真的是一個好人，那麼對方對你的感情僅止於**好感**（Like），而非**愛意**（Love）。

喜歡一個異性可以分為好感和愛意兩種。美國心理學家**魯賓**的定義是，**好感是尊敬對方或單純的好意，屬於一種親密感；愛意則是獨占對方、依賴對方的感情**。

如何不單戀？

不管怎麼說，被發好人卡的一方可不會太開心。可是，也不需要太過悲觀，**繼續跟對方交流碰面，可以確實提升對方的好感度**（**單純曝光效應***）。

另外，成為對方心中「**稍微有些困擾的存在**」也是一個好辦法。比如，你跟心上人借點什麼東西，對方就會開始在意你。各位也許覺得很不可思議，但有調查結果證明，當借貸關係形成後，出借的一方會更加喜歡借用的一方（詳見➡第一五四頁）。**人會喜歡上稍微帶給自己負擔的對象**。

＊**單純曝光效應**　頻繁見面有增加好感度的作用，也稱為熟悉效應，意指我們愈瞭解一個人，就愈容易產生好感。

愛意（LOVE）或好感（LIKE）」的自我測驗

下面的測驗，是魯賓思考出來的「好感和愛意尺度」。請在〔 〕中填入你在意的對象的名字，確認一下自己的心意吧！

愛意尺度（LOVE）

- □ 我完全相信〔　　　　〕。
- □ 〔　　　　〕沒有精神的話，我會想給予鼓勵。
- □ 為了〔　　　　〕，我願意做任何事。
- □ 我寂寞時，最想見到〔　　　　〕。
- □ 我想獨占〔　　　　〕。
- □ 跟〔　　　　〕在一起，感覺時間過很快。
- □ 我最在意的，是〔　　　　〕的幸福。
- □ 當〔　　　　〕告訴我祕密，我感到很開心。
- □ 不管〔　　　　〕做什麼，我都會原諒。
- □ 萬一〔　　　　〕不在了，我會很不幸。
- □ 沒辦法跟〔　　　　〕打好關係，我會很難過。
- □ 我不在意〔　　　　〕的缺點。
- □ 我有自信帶給〔　　　　〕幸福。

符合的項目　　　個

好感尺度（LIKE）

- □ 如果〔　　　　〕要當班長，我會投他一票。
- □ 我會推薦〔　　　　〕去承擔重責大任。
- □ 〔　　　　〕是我認識的人之中，最有好感的一個。
- □ 〔　　　　〕是一個值得所有人敬重的人。
- □ 跟〔　　　　〕在一起，心情總是很穩定。
- □ 我相信〔　　　　〕的判斷力。
- □ 〔　　　　〕是一個成熟的人。
- □ 〔　　　　〕是一個知性的人。
- □ 〔　　　　〕的適應力很強。
- □ 跟〔　　　　〕聊過天，任何人都會有好感。
- □ 〔　　　　〕是一個值得所有人讚賞的人。
- □ 我想成為跟〔　　　　〕一樣的人。
- □ 我跟〔　　　　〕很相像。

符合的項目　　　個

請各位計算愛意尺度和好感尺度的數目，如果愛意尺度的項目較多，那就代表你的喜歡是愛意；如果好感尺度的項目較多，則你的喜歡屬於好感。

5 趁對方失落時告白

自我評價降低時，會覺得其他人特別有魅力

自我評價的高低，對戀愛也有影響

各位會選在什麼時機跟心上人告白呢？即使對方對你有好感，若選在錯誤的時機告白，也很難成功。那麼，在什麼時機告白才能提升成功率？

美國心理學家**魏絲特**（後來改名為哈特菲爾德）表示，人在自我評價較高時，不太會接受其他人的好意。反之，自我評價低時，對戀愛特別敏感，比較容易接受其他人的好意，這又稱為**自尊理論***。

換言之，告白要趁對方自我評價不高的時候。魏絲特曾經對女學生做過實驗，證明了這個理論（詳見⬇左圖）。

肯接受好意的時機

人在落寞的時候，特別容易對身旁的人抱有好感。因為自我評價不高，所以會覺得其他人很了不起。就連平時不太在意的對象，看起來也特別有魅力，這種感情容易化為好感。

通常我們在失戀時被異性安慰，多半會喜歡上那名異性，這也跟**失戀造成自我評價降低**有關係。而且，失去自信時，對另一半的要求也會降低，不會有太高的奢望，一旦被異性追求，

＊**自尊理論**　這是魏絲特的理論。自我評價較高時，不容易產生戀愛感情。自我評價較低時，反而容易發展成戀愛關係。

很有可能接受。

此外，人在自我評價降低時，會尋求外在支援來撫平心中不安。**這是一種在等待善意和愛情的狀態**，趁這個機會告白的話，對方會表達真摯的謝意，自然衍生出戀愛感情。

如果各位有心上人，**請趁對方工作失敗或人際關係不順，在他們情緒低落的時候展開追求。**在對方的眼中，你會比平時更有魅力。

魏絲特的自尊理論實驗

實驗方法

1. 請參加實驗的女學生接受性格測驗和採訪，並帶她們到指定的房間。

↓

2. 房間裡安排一名帥氣的男學生，兩人交談十五分鐘後，由男學生主動提議約會。

↓

3. 接下來實驗的負責人登場，朗讀第三人在幾個禮拜以前，對女學生寫下的總評（這時候有的女學生自我評價提升，有的女學生自我評價降低）。

↓

4. 最後請教女學生，對帥哥學生、實驗負責人等五名對象的好惡。

結果

自我評價被第三人傷害的女學生，比較容易對帥哥男學生有好感。這證明了自尊理論的說法，人在失落時，特別容易喜歡上其他人。

6 亢奮的時候容易墜入情網

約會的成敗，取決於約會地點的選擇

經吊橋實驗印證的亢奮作用

當你跟心上人第一次約會，你會選擇什麼地方做為約會場所？**找一個讓對方情緒亢奮、心跳加速的地方**，就是促成約會成功的最大祕訣。人在情緒亢奮的時候，容易對身旁的對象產生戀愛情感，不管亢奮出自於什麼理由。

加拿大心理學家**阿隆**和**達頓**二人，透過**吊橋實驗**印證了**生理亢奮造成的心理效果**＊。他們利用溪谷中的吊橋和普通橋樑來進行實驗。

首先，他們請一位女學生站在吊橋的中間，對過橋的年輕男子進行問卷調查。因為地點是在吊橋上，所以一直搖搖晃晃地。問卷填寫完畢後，女學生給對方自己的電話號碼，歡迎他們打電話來詢問調查結果。多數男性對問卷沒什麼興趣，但都有打電話。

悸動促成戀情

不過，同樣的狀況換成在上游的普通橋樑來做，男性幾乎都沒有打電話給女學生。調查員都是同一個人，問卷內容也一模一樣，為什麼會有這麼大的差異呢？

當男性走過不穩定的吊橋，因為亢奮而心跳加速，於是他們認為自己心跳加速，是遇到了

＊**生理亢奮造成的心理效果**　透過生理現象來瞭解自己的情緒。比方說，我們可能會把心跳加速的感覺，視為對異性有好感的象徵。

女學生的關係。**這種誤認自己感情的情形，就稱為錯誤歸因**＊。

換句話說，**亢奮的人比較容易墜入情網**。所以在選擇約會地點時，不妨去遊樂園玩雲霄飛車、逛鬼屋，或是去看恐怖電影也好。不然，一起從事網球或滑雪等體育活動也不錯。活動身體使心跳加速，也有機會提升對方的好感度。

情緒亢奮，容易墜入情網

實驗方法 分別在吊橋和穩固的橋樑上，安排一名女性，找過橋的男性填寫問卷。問卷完成後，提供男性電話號碼，有意知道結果的人可以打這通電話，之後比較哪一方接到的電話較多。

A 在三公尺高的堅固木橋上

B 在七十公尺高的溪谷吊橋上

結果 情境 B 接到的電話，遠比情境 A 高出許多。這代表在不穩定的場所產生的生理亢奮，讓那些男性產生誤認的心理作用，他們以為自己的亢奮是一見鍾情的關係。

生理的亢奮狀態 ≒ **戀愛情感**

＊**錯誤歸因**　歸因是指弄清楚原因的意思。當我們受到某種刺激產生生理反應或行為，卻誤以為是其他刺激造成的，這就是錯誤歸因。

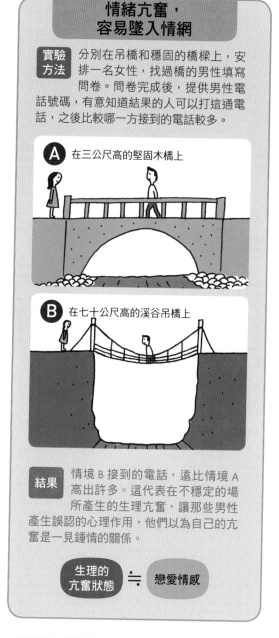

7 如何邀請心上人約會？

在邀約之前提出一點「小請求」

先從小的請求做起

假設你在學校或職場有喜歡的人，想要邀請對方約會。偏偏對方在不同的班級或單位，你們頂多只算點頭之交，這種情況下開口，對方也不太可能答應。不過，事先做好一些準備工作，就能大幅提升成功的機率了。

美國心理學家**列文格**把兩個人從相知到相戀的**親密度**＊，分為四個階段（稱為**親密度四階段理論**）。第一階段雙方還不認識彼此，第二階段其中一方得知另一方的存在，第三階段兩人成為點頭之交，第四階段從相識變朋友，再從朋友變情人。

想跟點頭之交的對象約會，至少要進展到互相認識或朋友的階段。具體的方法，就是先拜託對方一點小事情。

有一就有二

比方說，你假裝在回家的路上偶遇對方，然後邀請對方一起走段路。**重點是先提出**「一起走一段路」這種**不易被拒絕的請求**，走到半路時，你再邀請對方喝茶或吃點東西。一開始可能會被拒絕，被拒絕也不要強求。多製造幾次類似的機會，對方很可能會答應陪你一起喝茶

＊**親密度**　人與人之間互相依賴、互有關聯的程度（亦即雙方有多親密），異性和同性之間皆有所謂的親密度。

吃東西。

對方也不希望被當成「連這點小事都要拒絕的人」。再者，由於對方已經拒絕過一次，內心會有罪惡感。所以**多拜託一些微不足道的小事，對方就會愈來愈無法拒絕了**。

一旦對方答應你，雙方的關係就更進一步了。雙方一起喝茶吃點心，只要你的言行別惹對方不高興，第二次的成功率就會變高，約會也就指日可待了。

列文格的親密度四階段理論

列文格把素昧平生的兩個人，在因緣際會下相識相知的過程分為四大階段。

1 雙方互不認識的階段

彼此還互不認識（完全沒接觸），屬於陌生的階段。

2 單方面認識的階段

其中一方認識對方的狀態，開始收集對方的資訊。

3 表面接觸的階段

雙方開始接觸，會互相打招呼，屬於點頭之交的階段。

4 相互接觸的階段

(1)低階相互作用

開始談論私人話題，比方說出生地、家族成員、興趣等等，屬於熟識的階段。

(2)中階相互作用

開始分享彼此的價值觀、家庭狀況、煩惱等等、提供對方協助，屬於朋友的階段。

(3)高階相互作用

開始有共同的價值觀，成為彼此無可取代的存在，屬於摯友、戀人的階段。

8 接到約會邀請時，如何提升好感度？

用「欲迎還拒」來提高身價

好感受到壓抑，會更加強烈

假設你中意的對象提出約會邀請，你會二話不說馬上答應，還是隔一段時間再答應？

曾經有人做過實驗，研究男性在邀請女性約會時，女性的回答方式會如何影響男性的好感度。第一種回答是馬上答應對方；第二種是先賣個關子，表明自己雖然很忙碌，但願意為男方空出時間；第三種是直接拒絕。

男性最有好感的是第二種回答，也就是**先賣個關子，再答應約會**。大家都以為是第一種直接答應比較受歡迎，但為什麼是第二種最受歡迎呢？

男性一開始聽到對方說自己很忙，可能會覺得沒機會了，但下一句「我願意為你空出時間」，又再次點燃男性的希望。當欲望無法實現時，反而會變得更加強烈，這可不僅限於人際關係。這時候女性再答應男性邀約，男性的滿足感會大幅提升。

特別待遇令人開心

美國社會心理學家**艾羅森***和**林德**，曾經透過實驗印證一個事實（詳見⬇左圖）。用先貶後褒的方式稱讚對方，比一開始就稱讚對方更容

＊**艾羅森**　社會心理學家，加州大學教授，從事人際關係和好感度的相關研究。

易獲得好感。再者「特地為了對方空出時間」的說法，也會提升對方的好感度。強調對方獲得與眾不同的待遇，對方會很高興自己受到特別的對待，這又稱為**特定化的心理效果**。

如果你喜歡的對象提出邀請，**不要馬上答應，**

稍微表現出欲迎還拒的態度，對方會更開心、也更喜歡你。

艾羅森和林德的好感得失實驗

實驗方法　讓參加實驗的女學生，得知另一位學生 A 對她的評價，再來調查女學生對 A 的好感度有何變化。評價分前後兩次聆聽，主要分為下列四種模式。

	前半		後半
1	○給予好評（稱讚）	→	×給予惡評（批評）
2	×給予惡評（批評）	→	×給予惡評（批評）
3	○給予好評（稱讚）	→	○給予好評（稱讚）
4	×給予惡評（批評）	→	○給予好評（稱讚）

結果　女學生最有好感的是第四種，先貶後褒的模式；再來依序是一致好評、一致惡評、先褒後貶。先褒後貶的方式，比一致給予惡評更容易引起反感。

9 想知道自己在對方心中的印象

從肢體語言判讀對方心思

從行為推斷對方的心情

當我們跟異性的關係變親密，自然會想知道自己在對方心中的印象。如果彼此的關係還沒有親密到可以一問究竟，那麼不妨觀察對方的**肢體語言***，來推測他內心的想法。

比方說，你跟對方走在人潮擁擠的地方，這時候迎面走來一位路人，你們會一起走同一邊避開路人？還是分開來迴避路人？光看對方的選擇，就知道你們的親密程度了。

要是對方跟你走同一邊避開路人，就代表你們的關係相當親密了。反之，要是對方跟你分開來，讓路人穿越你們中間，那就代表你們的關係還不夠親密。

四目相接的次數等於好感度

另外在約會中對話時，請觀察對方的視線。**對方對你有好感的話，會很自然地注視你的眼睛**。四目相接的時間愈長、次數愈多，代表好感度愈高。若對方不願正視你的眼睛，或是在說話時別過頭，這都是負面的肢體動作。一開始連看都不看你一眼，這代表對方不願聽你說話。當然，也可能是對方生性害羞，不好意思正眼看你，請考量對方的性格再來判斷。

＊**肢體語言**　又稱為身體語言，不用聲音或文字，而是仰賴身體動作等非語言的方式傳達意念。

還有一種情況是，明明雙方相談甚歡，對方卻突然不再注視你，這代表你的話語中有對方不喜歡的內容，或是對方希望約會盡快結束。這時候最好趕快改變話題，或是盡早結束這場約會。

另外，對方在聆聽的過程中，不斷摸自己的頭髮或揀身上的髒東西，這都是對你的說話內容沒興趣的訊息。

從肢體動作判斷對方的心意

一個不經意的動作，可以看出你在對方心中的地位，現在就來介紹幾個判斷方法。

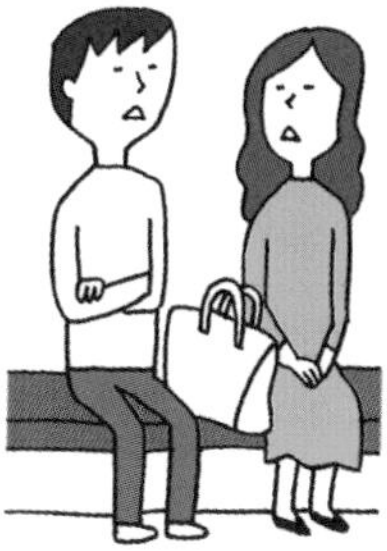

如果對方在你們中間擺放包包或物品，代表對方想確保自己的領域，這可以視為對方不希望你接近的訊號。

女性將桌子中間的咖啡杯移走，代表她希望移除彼此的障礙，跟你建立親密的關係。

觸摸對方身體的行為，屬於親密接觸的肢體語言。通常是女性對男性做，藉由觸摸對方身體的方式來表達自己的好感。不過，男性對女性這麼做，有可能被當成性騷擾，要特別注意。

10 模仿對方的動作來博得好感

比語言傳遞更有效

跟著對方一起歡笑

就算你頻頻示好，成功跟心上人交往，剛開始雙方的溝通總是比較生疏的。

這時候請活用**非語言性溝通**（詳見⬇第四四頁）來化解僵局。比手畫腳（手勢）、表情、眼神、口氣等等，在某些情況下比語言更能正確傳達你的心意。

反過來說，再多的甜言蜜語，若沒有表情或動作相伴，也難以傳遞當中的真心。例如對方很認真跟你談一件事情，你卻表現出興趣缺缺或不開心的模樣，對方會覺得自討沒趣。

使用肢體動作或表情，**最重要的是配合對方的動作**。對方歡笑，你就跟著歡笑，對方探出身子接近你，你也探出身子接近對方。

關係親密的人在對談時，往往會不自覺地做出一樣的動作或表情。好比在同一時間相視而笑，或是在同一時間做出相同手勢等等。這稱為**協調同步**（Interactional Synchrony），或是**鏡像反射**＊。

關係親密，連思維都會相近

互相討厭的人不會模仿對方行為，除非刻意為之。雙方的關係夠親密的話，不只動作會相

＊**鏡像反射**　意指模仿對方的表情或動作，就跟在照鏡子一樣。

像，連說話方式和思維都會相近。

有人做過一個實驗，讓素昧平生的兩個人互相對談，之後再詢問他們對彼此的看法。其中一人是實驗者安排的暗樁，會模仿對方的言行。結果另一個人對暗樁很有好感，而且相信暗樁對自己的好感，比自己對暗樁的好感更強。

如果你希望心上人喜歡自己，那麼不妨觀察對方的動作。**光是模仿對方的動作，就能變得更加親密了。**

協調同步

要讓戀人更喜歡你，可以試著模仿對方的表情或動作。

模仿對方的表情和動作，等於是下意識地傳送「我對你有好感」的訊息。被模仿的一方會產生親密之情，更容易對你抱有好感。

11 變得更加親密的技巧

在黑暗中能做出更大膽的事

亮處談不出情話

如果你想跟交往不久的情人更加親密，下次約會請約傍晚以後的時間。黑暗有淡化害羞情緒的功效，**晚上比白天更容易培養雙方的感情**。在昏暗的餐廳裡舉杯共飲，或者選在月下一起散步都好，自古以來暗處就是談情說愛的一大舞台。

美國心理學家**格根**，曾經研究人在暗處會如何行動。他登報找來幾名素不相識的男女，讓他們分別待在明亮和黑暗的房間一小時。黑暗的房間中沒有照明，大家看不到彼此。

進入明亮房間的男女，到實驗結束時，幾乎沒有換過位置，聊的也都是普通話題。

反之，進入黑暗房間內的男女一開始互有對話，但漸漸地愈來愈沉默，最後再也沒人開口講話了。同時，他們慢慢移動，甚至觸摸或擁抱異性的身體，其中還有人**感受到性方面的亢奮感**。

人在暗處會改變性格

在黑暗的地方，平時壓抑我們的道德、常識、羞恥心都會被掙脫，產生一種想要徹底解放欲望的心情。從心理學的角度來看，這是**過度自**

＊**過度自我曝露**　徹底展現自我，不受道德、常識、羞恥、面子的約束，忠於自身欲望的狀態。

我曝露*的狀態不受控制，所以提升了男女之間的親密度。

不敢對異性積極採取行動的人，**在黑暗中也有可能性情大變，做出大膽的行徑**。要是你想跟心上人更加親密，不妨安排一個晚上見面的機會，借助黑暗的力量，說不定會有意想不到的進展。

男女在黑暗中的行為

實驗方法 美國心理學家格根找來十六名男女，年齡在十八到二十五歲之間。所有人分成兩組，一組待在明亮的房間，另一組待在黑暗的房間，時間設定一小時。格根在開始實驗以前，對參加者進行一些基本説明。首先，他告訴參加者房中有其他男女存在，進入房間後沒有什麼特殊的規定，彼此未來也不會再有機會碰面。説明結束後，他用紅外線攝影機拍攝黑暗房間中的男女互動。

明亮房間中的男女始終在閒話家常，黑暗房間中的男女只有一開始交談，半小時以後就不說話了。之後，男女往房間的中央移動，開始互相接觸擁抱。

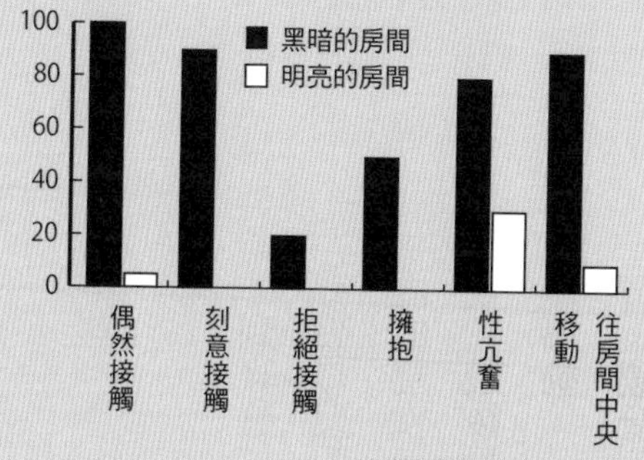
100
80
60
40
20
0
黑暗的房間
明亮的房間
偶然接觸
刻意接觸
拒絕接觸
擁抱
性亢奮
移動往房間中央

改編自格根論述，1973

結果 人在黑暗中會失去自制力，對異性態度更加積極，雙方關係會快速增溫。

12 交往後發現不如預期

與期待的異性形象有落差

現實不存在「理想的異性」

各位跟異性交往的時候，有沒有覺得對方的實際性格跟印象不同？或是交往後才發現對方的本性跟你想的完全不一樣？這種異樣的感覺，是理想中的異性形象和現實情況有落差的緣故。

有人做過「男女特質」的研究，男性期待的女性特質如下。第一，要柔順謙虛；第二，要依賴男性；第三，要漂亮可愛；第四，要細心體貼。簡單說，男性期待的是一種順從的**性別角色**＊。

女性期待的男性特質則如下。第一，要頭腦好、學歷高；第二，要有領導力和膽量；第三，要身材高大，對工作有熱情；第四，要意志堅定，充滿活力；第五，要有自信和遠見。

完全具備這些條件的人，現實生活中並不存在。問題是，很多人都希望自己的伴侶符合這種性別角色。等到交往後慢慢瞭解對方，就會覺得現實和期待的印象有落差了。

印象的落差靠對話來彌補

多多透過對話溝通交流，是彌補認知落差的關鍵。社會心理學家**諾拉**曾經研究夫妻關係和

＊**性別角色**　一般大眾對男女的既定印象，又稱為「男性特質」或「女性特質」。大多是透過文化、教育、紀律養成的。

溝通頻率降低與人際關係惡化

缺乏對話的兩個人，很難解決各式各樣的問題。這種情況會造成壓力，導致對話頻率持續降低，陷入惡性循環之中。

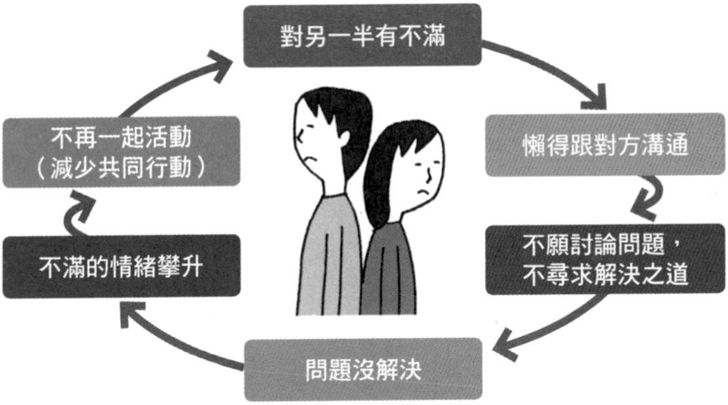
對另一半有不滿
懶得跟對方溝通
不願討論問題，不尋求解決之道
問題沒解決
不滿的情緒攀升
不再一起活動（減少共同行動）

溝通的重要性，發現關係圓滿的夫妻，溝通頻率也比較高，溝通的頻率增加又會提升彼此的滿意度。

反之，關係不圓滿的夫妻，對彼此有諸多的不滿，因此也懶得跟對方溝通。於是，夫妻間愈來愈缺乏對話，也不再一起從事活動，不滿也就愈來愈強烈了。

這種現象不只限於夫妻關係，幾乎所有人際關係都適用，未婚情侶也不例外。溝通的頻率增加，彼此的滿意度就會提升；溝通的頻率降低，滿意度就會下降。重點是不要被既定印象或成見影響，**認真傾聽對方說話，用對方能理解的方式傳達自己的想法**，請認真實踐這些對話的基本技巧吧！

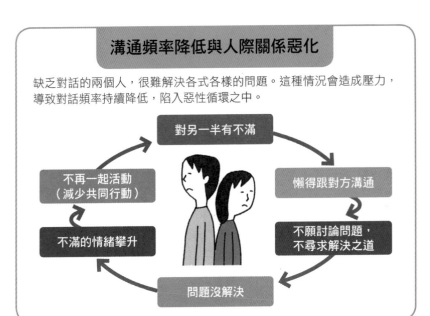

13 想要獨占喜歡的對象

獨占欲太強就容易嫉妒，反而弄巧成拙？

嫉妒與獨占欲的關聯

當你在談戀愛的時候，「想要獨占對方」是很正常的感情。只是，如果這種感情太強烈，光是看到對方跟異性交談就會**嫉妒**（詳見⬇第一五〇頁），那就有點過火了。

嫉妒是一種很麻煩的情感，當我們認為自己應該享有的愛情，被別人分享的時候就會產生妒意。這跟想要獨享愛情的**獨占欲***是一體兩面，獨占欲強烈的人特別善妒。

加拿大心理學家**李約翰**，把**戀愛分為六種類型**（詳見⬇左圖）。嫉妒屬於**情欲之愛**和**狂熱之愛**。所謂的戀愛六大類型，是把戀愛分為狂熱型、遊戲型等六種不同的型式。情欲型和狂熱型會想獨占交往對象，嫉妒心也特別強，一旦得知對方外遇，就會毫不留情地攻擊對方和外遇對象。

如何壓抑獨占欲？

獨占欲太強有許多缺點。首先，為了挽留交往對象的感情，**會對交往對象言聽計從**。被愛的一方有獨享愛情的感受，但愛人的一方卻沒有。因為愛到卡慘死，只好用言聽計從的方式來挽留愛情。

＊**獨占欲**　想要獨享某樣東西或人物的強烈需求。

第二，獨占欲太強會想束縛對方的行動，最終惹對方不開心，加速戀情凋零。就算兩情相悅在一起，被過度查勤或監視的話，還是會感到厭煩。要是各位有自覺，請及早克制自己的獨占欲，以免被對方提分手。

具體來說，把你對戀人做的事情寫出來，**確認一下有哪些行為會造成反效果**，並且想像執行的後果，勸自己不要弄巧成拙。

戀愛六大類型

加拿大社會學家兼心理學家李約翰，曾透過採訪的方式，詳細調查實驗對象的戀愛經驗（從一場戀情的開始到結束），之後以採訪資料為依據，歸納出戀愛六大類型。

遊戲之愛
（Ludus）
把戀愛當成遊戲，視為享樂的手段。

現實之愛
（Pragma）
會思考談戀愛對自己有多大益處。

狂熱之愛
（Mania）
特徵是獨占欲極強、善妒。

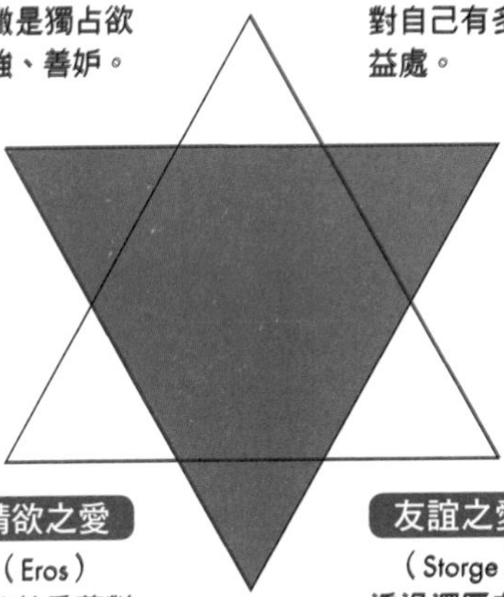

情欲之愛
（Eros）
彼此熱愛著對方，屬於激情之愛。

友誼之愛
（Storge）
透過深厚友誼維繫的愛情。

利他之愛
（Agape）
願意為愛犧牲自己。

相近的類型有較多共通性，在一起會比較順利。反之，類型完全相反的契合度較差，需要更多時間瞭解彼此。

其中，情欲型和狂熱型的獨占欲特別強。遊戲型、友誼型、現實型的獨占欲並不強。如果交往沒有任何好處，現實型的人會馬上跟對方分手。

14 猶豫該不該結婚

不曉得該跟誰結婚，或是到底該不該結婚

如何處理困難抉擇？

假設你同時遇到兩位男性追求，他們都有意跟你結婚。這兩人的外貌、財力、前途、人品都不分軒輊。這種好事可遇不可求，但又不能讓人家一直等待答覆，你遲早要選擇其中一方，或兩者都不選。

這種心理狀態稱為「**雙趨衝突**＊」。這裡的趨字是指「良好」的意思，也就是同時想達成好幾個魅力相等的目標，因而產生猶豫不決的心態。

相對地，為了獲得良好的東西而不得不去做討厭的事情（以**避**字代表），這種狀況就稱為「**趨避衝突**」。例如，結婚後生活安定，但必須犧牲自由。

至於兩種討厭的事情（以避字代表）非做不可的狀態，稱為「**雙避衝突**」。例如，你討厭單身的孤獨，但又不想被對方束縛，這就是雙避衝突。

以利弊得失來當判斷基準

這些衝突中，最容易解決的是雙趨衝突。當然，做出選擇以後也有後悔的可能性。

美國心理學家**費斯廷格**，曾對購買新車的消

＊**衝突**　兩種以上的選項互相糾葛、對立之意。衝突太強烈的話，就會造成壓力。由於無法輕易做出抉擇，很容易感受到欲求不滿。

費者做過調查。他發現消費者會仔細觀看自己購買的那台汽車廣告，刻意忽視自己在斟酌後沒買的汽車廣告。這就是反覆確認自己的抉擇正確，不願思考自己可能做錯選擇的心態。

買新車和結婚固然不能相提並論，**但請不要**

被一時的好惡影響，應該審慎思考利弊得失後，做出合理的判斷，這樣比較不會後悔。

衝突的種類

美國心理學家勒溫，將兩種選項難以並立的糾葛，分為以下三種類型。

1 兩種都喜歡：雙趨衝突

請跟我結婚
+
+

選哪一種都可以，但事後可能會後悔，這也是一種心理壓力。

2 兩種都討厭：雙避衝突

「我不希望成績退步，但又討厭念書」
−
−

由於無法逃避，因此容易產生嚴重的壓力。

3 其中一方喜歡，另一方討厭：趨避衝突

「好想跟她交往，但又怕被甩」
+ −

在不同的情況下，該做的選擇也不一樣，然而「不入虎穴，焉得虎子」？

15 相愛的兩人分手的理由

性格、興趣、能力差異太大

在一起並不開心

各位有沒有失戀的經驗？戀人分手的理由不一而足，但歸納起來多半是「**個性不合**」所致。

曾經有人以相親男女做研究，比較分手的組別和結婚的組別差異何在。最後發現，沒有修成正果的組別有以下幾個共通點。

第一，彼此的興趣差異太大；第二，彼此的身高差異太大；第三，其中一方大而化之，另一方生性嚴謹；第四，其中一方對美術、音樂等等太感興趣；第五，其中一方過於渴求對方的愛情。

換言之，**性格、興趣、能力差距太大，兩個人在一起不會開心**。或許，各位對這種說法也心有戚戚焉吧？

在熱戀期的時候，彼此不太會計較這些差異，但時間一久，差異會愈來愈明顯。**各方面相近的人比較容易培養出親密關係**，這是戀愛的一般原則。所以想要天長地久，**請選擇性格、興趣、能力相近的對象**。

也要努力瞭解彼此

當然，**實際上也有不相似的伴侶**。比方說，支配欲極強的男性，和缺乏主見的女性就屬於

營造共通性

如果雙方並不相似，又想要保持良好的關係，那就要互相瞭解彼此，尊重對方的興趣或喜好。

一種**互補關係**＊，通常戀情也比較順利。

另外，一方喜歡說話、一方善於聆聽的情侶，戀情多半也很順利。不過，跟那些性情相近的情侶相比，**這類情侶必須努力瞭解對方，尊重彼此的喜好和興趣**，互補的關係才會長長久久。在某種程度上來說，性情相近的情侶相處起來沒有太多顧忌。至於互補關係的情侶，在一起就需要體貼和細心了。

一旦出於某些原因失去這種體貼和細心，互補關係的情侶就會面臨分手的命運。倘若你跟另一半是互補關係，請尊重對方的興趣或喜好，**一起尋找共同的樂趣**，這樣才能長久維持良好的關係。

＊**互補關係**　性格、興趣、能力完全相反，屬於互補不足的關係。相對地，性情相近的人在一起，就稱為相似關係。

16 如何跟交往不順的情人分手？

選擇不會傷害對方，又不會降低自己評價的說法

讓對方接受分手這件事

假如你想跟交往不順的對象分手，會用什麼樣的說法告訴對方？該怎麼講，其實並沒有標準答案，但以工作或學業當理由，或許是最安全的做法。例如，**告訴對方你的感情沒變，只是目前想專心打拼**。

這種說法有**自保**的好處。如果你選用傷害對方的說法，對方有可能在分手後對你進行各種批判。你們共同的朋友，通常會同情被甩的一方，你便有遭受指責的風險。

再來，這也是一種**顧慮對方**的說法。你要是直接挑明自己不喜歡對方了，等於是在傷害對方的**自尊心**（詳見➡第五〇頁）。

要避免自己臭名在外，請先表示你並沒有討厭對方，只是現在有目標要專心打拼。這樣對方也能因為有**合理化***的理由，而接受你提出分手。畢竟分手是工作或學業的關係，與個人好壞無關。

斬釘截鐵才不會藕斷絲連

另外，女性可以用父母反對當理由，尤其跟父母同住的女性用這一招，對方或許會認為分手是無可奈何的事。

＊**合理化**　一種防衛機制（詳見➡第五二頁），用欺騙自己的方式來維持心靈安定，替自己的行為正當化。

不擅長說謊，又不在意自身評價的人，不妨直接挑明分手的原因。例如直接表明你不喜歡對方了，或是你找到了更好的對象、你跟對方只有友情，沒有愛情等等。這些說法會帶給對方打擊，但訊息明確不容質疑，對方才不會懷抱破鏡重圓的期待。

不過話說到這個地步，對方很有可能由愛生恨。這些情緒若化為重新振作的力量，固然是一件好事，萬一對方變成跟蹤狂，那你就麻煩大了。

分手該不該用直截了當的說？

直接表明自己已經厭倦對方，這是一種不怕對方憎恨的勇敢行為。反過來說，也有加快對方振作的效果。

○ 好處

- 對方一時失落 → 不會藕斷絲連
- 由愛生恨 → 恨意成為動力

✕ 壞處

- 傷害對方 → 遭受攻擊
- 評價變差 → 影響到下一場戀情

直接挑明自己不愛對方，刻意讓自己扮黑臉，其實也是另一種溫柔。對方藕斷絲連的情緒化為憤怒，可以迅速振作起來，不會深陷在漫長的憂鬱之中。

＊**編注**：近來恐怖情人與分手暴力事件頻傳，當親密關係出現暴力徵兆時，應及早諮商或向專業人員求助，分手談判尤其應小心謹慎，以免過度刺激對方造成憾事。

17 失戀時會想聽失戀情歌

悲傷的曲子有療癒心靈的作用

難過時聽悲傷的曲子

各位在失戀難過的時候，是不是都會聽**失戀情歌**呢？大家都以為難過時要多聽開朗明快的曲子，其實多數人失戀都是聽悲傷的歌曲，而且那確實有療癒心靈的作用。

在失戀難過時，聆聽不符合當下心境的開朗音樂，很有可能產生**排斥反應**，增加自己的心理壓力。亢奮時聽快節奏的音樂，失落時聽安靜的音樂，都有宣洩和平復心情的功效，這種作用稱為**同質原理**。

這是美國精神科醫師**阿特舒勒**提出的方法，目的是**提供一些與患者心境相符的音樂，幫助他們治癒心理疾病**。心情與曲子調和（同質化），才不會增加心靈負擔。阿特舒勒以同質原理開發獨特的**音樂療法***（利用音樂治病），對治療精神疾病有很大的貢獻。

音樂有淨化的作用

另外，音樂本身的**淨化***作用也不容小覷，尤其民謠或流行音樂的詞曲與情境完美地融合，有緩和各種負面情緒的效果。

在患者難過的時候，音樂療法一開始會提供悲傷的曲子，再慢慢轉換成開朗的曲子。患者

***音樂療法**　以音樂為治療手段的心理療法，一種是讓患者自行唱歌、彈樂器、寫詞譜曲，另一種是聽音樂緩和心靈。

負面的心情會慢慢加入正面的能量，最後兩者達到折衷與平衡。

各位萬一失戀了，難過到沒心情做任何事情，**不妨盡情聽一些失戀情歌吧！**

聽失戀情歌有助於接受失戀的事實，這也是讓自己迅速振作的方法之一。

失戀的應對方式

當事人的性格和當下的狀況，都會影響到失戀時的反應，重點是不要太鑽牛角尖。

逃避

專注於讀書或個人興趣，或是臥病在床，沉醉在幻想之中，這些都是下意識逃避失戀痛苦的表現。

滿足口腹之欲

喝悶酒或是暴飲暴食，滿足「口腹之欲」（感受到壓力時，就想追求味覺上的刺激），藉此來獲得安心感。

合理化

告訴自己下一個對象會更好，或是把失戀當成找到好對象的機會。

自我傷害

用喝悶酒或暴飲暴食的方式，故意搞壞自己的身體，以壓力折磨自己。持續惡化下去，甚至有自殺的可能。

＊**淨化**　轉化或消除各種不安、緊張、憎恨的負面情緒。跟親密的對象交談、專注在藝術、運動上都有淨化的效果。

18 心理學的戀愛鐵則

意外或障礙反而會讓戀情加溫

在穩定中表現意外性

穩定的戀人或夫妻關係缺乏變化，當事人也特別容易倦怠。這時候，**刻意改變行為模式**，有替戀情加溫的效果。

具體來說，就是在穩定中表現一些「令人心動的意外性」。如此一來，對方會品嘗到新鮮的感覺，彼此的關係也能往新的局面發展。

比方說，兩個人已經交往很長一段時間，約會都去相同的地方，吃飯也去同一間餐廳。固定的行程會給人安心感，但久了還是會膩，說不定有的情侶還會進入倦怠期。一成不變的戀情難以繼續發展下去，所以不妨安排一些出乎意料的約會行程，改變服裝或髮型讓自己的形象煥然一新，或者在對話中加入新的題材等等。**表現出不同以往的嶄新自我，有打破一成不變的效果。**

另外，雙方遭遇某些「困難」或「障礙」，也有替戀情加溫的作用，這又稱為**羅密歐與茱麗葉效應**（詳見⬇左圖）。這是**心理抗拒**＊的作用造成的，意思是當我們被禁止做某件事情時，反而會躍躍欲試。

小小的失敗，有益無害

＊**心理抗拒**　當自己的自由或意志受到威脅，就會產生抵抗的心態，故意表現唱反調的態度。

再者，也可以利用「偶爾的失敗」。例如，為了戀人下廚，成果卻不盡理想、開車兜風的時候不小心迷路等等。一般來說失敗會讓人感到失落，可是我們不妨換個角度思考，**這也是在表現不同以往的自我，可以帶給對方新鮮感**。

除此之外，**用一些「演出」技巧吸引對方注意**也不錯，好比故意吊對方的胃口，表現出神祕感等等。請各位學習書中介紹的戀愛心理，應用在現實生活中吧！

強化戀情的羅密歐與茱麗葉效應

莎士比亞的《羅密歐與茱麗葉》中，男女主角就是受到家人反對，才會爆出愛的火花。這種遇到障礙反而愛得火熱的現象，在心理學中稱為「羅密歐與茱麗葉效果」。

一成不變的戀情

↓

呈現意外性

- 周遭反對，戀情受到阻礙
- 犯點小錯，表現出人意料的一面……等等

↓

打破一成不變

利用障礙或意外性，加深戀愛的浪漫

瞭解你的戀愛觀

請回答以下十二道問題，是否符合你的戀愛觀。

		是	否
問題 1	情侶之間應該坦承相對，不能有所隱瞞。	□	□
問題 2	兩人相愛的話，婚後生活一定很順利。	□	□
問題 3	相愛就應該結婚，不必計較收入或年齡差距。	□	□
問題 4	沒有不會嫉妒的戀人。	□	□
問題 5	真正的愛會永遠持續下去。	□	□
問題 6	無論什麼情況下，年輕女性都希望戀人表現出紳士般的舉止。	□	□
問題 7	每個人心中多少有一些喜歡的對象，但真愛只有一個。	□	□
問題 8	有能力的男性（或女性），比擅長玩樂的男性（或擅長撒嬌的女性）更適合交往。	□	□
問題 9	結婚最重要的條件是對方的經濟能力。	□	□
問題 10	即便是真愛，也不能外遇。	□	□
問題 11	不應該不顧父母的強烈反對，自作主張結婚。	□	□
問題 12	婚前最好明白一件事，就是結婚後注定會對另一半感到失望。	□	□

- 問題1～6，回答「是」，每題各得1分，回答「否」為0分。
- 問題7～8，回答「是」，每題各扣1分，回答「否」為0分。

總計　　分

診斷結果

你是熱情？還是冷靜的性格呢？分析上面的問題，可以瞭解你的戀愛觀念和思維。

6 分以上　你擁有非常浪漫的戀愛觀念，你認為只要有愛，任何困難都能克服。不過，過度要求對方要熱情浪漫，有弄巧成拙的風險，請特別留意。

3 ～ 5 分　你的戀愛觀念很普通，維持以往的方式與人交往，一定可以順利培養感情。

2 ～ -2 分　你的戀愛觀念稍微現實一點，喜歡談論實際的未來規劃，偶爾也聊聊夢想吧！

-3 分以下　你的戀愛觀念太實際、太合乎邏輯。你下意識地看重對方的身分、經濟能力、前途，因此要注意別表現得太明顯。

改編自《The Incidence of Romanticism During Courtship》（Hobart.C,W. Social Forces,36 University of North Carolina Press, 1958）

十五劃

十六劃

十七劃

十八劃

十九劃

二十劃以上

十一劃

十二劃

十三劃

十四劃

八劃

九劃

十劃

七劃

INDEX

索引

圖解自我心理學（二版）

認識自我，活出人生新高度！

心理學家助你突破個性盲點，發掘天生優勢，戰勝生活與職涯難題

面白いほどよくわかる！自分の心理学

作　　者　澀谷昌三
譯　　者　葉廷昭
原書插圖　シミキョウ、うつみちはる
原書設計　佐々木容子（KARANOKI Design Room）、小幡ノリユキ
執筆協力　岡林秀明
原版編輯　ヴュー企畫有限公司
特約編輯　陳慧淑
封面設計　郭彥宏
內頁排版　簡至成
行銷企劃　蕭浩仰、江紫涓
行銷統籌　駱漢琦
業務發行　邱紹溢
營運顧問　郭其彬
責任編輯　劉淑蘭、賴靜儀
總 編 輯　李亞南
出　　版　漫遊者文化事業股份有限公司
地　　址　台北市松山區復興北路331號4樓
電　　話　(02) 2715-2022
傳　　真　(02) 2715-2021
服務信箱　service@azothbooks.com
臉　　書　www.facebook.com/azothbooks.read
營運統籌　大雁文化事業股份有限公司
地　　址　台北市松山區復興北路333號11樓之4
劃撥帳號　50022001
戶　　名　漫遊者文化事業股份有限公司

二版1刷　2023年10月
定　　價　台幣450元

ISBN　978-986-489-858-9

國家圖書館出版品預行編目 (CIP) 資料

圖解自我心理學 : 認識自我, 活出人生新高度! 心理學家助你突破個性盲點, 發掘天生優勢, 戰勝生活與職涯難題 / 澀谷昌三著 ; 葉廷昭譯. -- 二版. -- 臺北市 : 漫遊者文化事業股份有限公司出版 : 大雁文化事業股份有限公司發行, 2023.10
254面 ; 14.8 × 21　公分
譯自 : 面白いほどよくわかる！自分の心理学
ISBN 978-986-489-858-9(平裝)
1.CST: 心理學
170　　112015673